U0688607

宇宙人生

王恒耀 著

道德经

新解

中国文史出版社

图书在版编目（CIP）数据

宇宙人生：《道德经》新解 / 王恒耀著 . -- 北京：
中国文史出版社，2023.10
ISBN 978-7-5205-4314-9

Ⅰ.①宇… Ⅱ.①王… Ⅲ.①《道德经》– 译文
②《道德经》– 注释 Ⅳ.① B223.1

中国国家版本馆 CIP 数据核字（2023）第 180691 号

责任编辑：薛未未
版面设计：金　茹

出版发行：**中国文史出版社**
社　　址：北京市海淀区西八里庄路 69 号院　邮编：100142
电　　话：010-81136606　81136602　81136603（发行部）
传　　真：010-81136655
制　　版：禾阳（北京）文化传播有限公司
印　　装：北京新华印刷有限公司
经　　销：全国新华书店
开　　本：880×1230　1/32
印　　张：5.875　　字数：112 千字
版　　次：2023 年 10 月第 1 版
印　　次：2024 年 6 月第 2 次印刷
定　　价：49.80 元

文史版图书，版权所有，侵权必究。
文史版图书，印装错误可与发行部联系退换。

前　言

解读《道德经》之前，先向《道德经》的作者老子致敬。

很多人在读《道德经》的时候，有些地方始终理解不透，即使理解很透的人也很难做到像老子那样知行合一。这是因为老子从小就聪慧过人，一生博览群书，写《道德经》时又是饱经人生风雨后的退休年龄，他已经返璞归真，与天道完美融合了，远远超出常人。

而我们呢，我们还在世俗中，我们还有贪嗔痴慢疑之心，我们还在追逐名利，我们还有许多梦想。

所以，无论是理解不透，或者是理解透了但做不到，都不要气馁，不要灰心，不是我们不够优秀，而是我们面对的是天花板级别的人，面对的是高深的天道思想。

见贤思齐，我们向优秀的人学习，努力提高自己，每天进步一点点。道阻且长，行则将至，行而不辍，未来可期。

宇宙观

宇宙是由空间和能量构成，能量在空间内无处不在，并且时刻运动着。能量的运动产生了物质和意识，能量、物质、意识三者有机结合产生了万物生灵，人是其中之一。真理是宇宙空间的存在和能量的运动，以及能量运动在某个特定时间段或者某个特定空间内所形成的规律。

本人认为，宇宙就像一个很大的容器，里面充满着能量。

能量具有运动的属性，一切物质、意识、万物生灵，都是能量的运动产生的。运动会带来变化，变化中会产生各种规律，而且运动本身往往也具有一定的规律性。

多数情况下，能量是不可见的，只有它聚合到一定程度，人的肉眼才能看见，我们称它为物质。

这里物质指的是人肉眼可以看得见的物质，能量指的是一切形式的能量和人肉眼看不见而又客观存在的物质。

这里划分能量和物质的界线是人的肉眼能不能看到，比如单个的水分子，在物理学上是物质，然而，单个的水分子非常小，肉眼根本看不到，所以这里就称它为能量了；数万个水分子聚合到一块儿形成了一滴水，那么，一滴水我们肉眼可以看到，就称它是物质。用肉眼可不可见为划分标准，可以让我们更加容易地理解古人对于宇宙的认识。

为了方便人与人之间的交流，人们常把不同物质用不同的名称作为代号。

宇宙的五个特性：一、空间上无限大；二、能量在空间内无处不在；三、能量是产生万物的根本；四、能量具有运动的属性，每时每刻都在运动；五、能量运动中存在着规律。

古人所讲的道，实际上就是在描述宇宙，接下来，就解读一下《道德经》。

圣 人

圣人。完全战胜自我人性弱点，完全没有私心私欲，完全去除了贪嗔痴慢疑之心的人。

圣人。证实了自己是宇宙能量的一部分，顺从宇宙规律，回归宇宙的怀抱，和宇宙完美融为一体。

圣人之欲。圣人不是没有欲望，是有欲望的，圣人的欲望是超越了自我私心私欲的更大的欲望，圣人的欲望是为他人，为万物生灵。

圣人无为。此无为不是不作为，是一种可贵的、积极的作为。不是为自己的需要而为，而是在顺应天道规律的基础上，为他人的需要、社会的需要而为，是大公无私的作为。

圣人。无我，无私，顺天，大慈、大悲、大爱、大德、大济万物生灵，助万物生灵成长。

无 为

无为，不是不作为，是没有自我私心、私欲的作为，是无我无私的、顺应天道的作为。

无为，就是不妄为，不违背自然规律而为，顺应宇宙规律而为，顺应时代大潮流而为。

无为之为，不是为自己的需要，而是为他人的需要、为社会的需要、为人民大众的需要而为。

无为之为，就是做了事情，不会到处炫耀，不会争功争名，心里根本不在乎功名。

无为的初心，为他人、为社会、为人类，不为自己。

目　录

第一章···1

第二章···3

第三章···6

第四章···8

第五章···10

第六章···11

第七章···12

第八章···14

第九章···19

第十章···21

第十一章···24

第十二章···25

第十三章···26

第十四章···29

第十五章···31

第十六章···32

第十七章···33

第十八章···37

第十九章···39

第二十章···40

第二十一章···43

第二十二章 …………………………………………… 45

第二十三章 …………………………………………… 47

第二十四章 …………………………………………… 49

第二十五章 …………………………………………… 50

第二十六章 …………………………………………… 52

第二十七章 …………………………………………… 54

第二十八章 …………………………………………… 57

第二十九章 …………………………………………… 60

第三十章 ……………………………………………… 62

第三十一章 …………………………………………… 63

第三十二章 …………………………………………… 65

第三十三章 …………………………………………… 67

第三十四章 …………………………………………… 70

第三十五章 …………………………………………… 72

第三十六章 …………………………………………… 73

第三十七章 …………………………………………… 74

第三十八章 …………………………………………… 76

第三十九章 …………………………………………… 78

第四十章 ……………………………………………… 80

第四十一章 …………………………………………… 84

第四十二章 …………………………………………… 86

第四十三章 …………………………………………… 88

第四十四章 …………………………………………… 89

第四十五章 …………………………………………… 90

第四十六章 …………………………………………… 91

第四十七章…………………………………………… 92

第四十八章…………………………………………… 95

第四十九章…………………………………………… 96

第五十章……………………………………………… 98

第五十一章…………………………………………… 100

第五十二章…………………………………………… 102

第五十三章…………………………………………… 104

第五十四章…………………………………………… 106

第五十五章…………………………………………… 109

第五十六章…………………………………………… 110

第五十七章…………………………………………… 112

第五十八章…………………………………………… 113

第五十九章…………………………………………… 116

第六十章……………………………………………… 118

第六十一章…………………………………………… 120

第六十二章…………………………………………… 122

第六十三章…………………………………………… 125

第六十四章…………………………………………… 126

第六十五章…………………………………………… 129

第六十六章…………………………………………… 131

第六十七章…………………………………………… 133

第六十八章…………………………………………… 136

第六十九章…………………………………………… 138

第七十章……………………………………………… 140

第七十一章…………………………………………… 142

第七十二章 …………………………………………… 144

第七十三章 …………………………………………… 145

第七十四章 …………………………………………… 146

第七十五章 …………………………………………… 148

第七十六章 …………………………………………… 152

第七十七章 …………………………………………… 153

第七十八章 …………………………………………… 155

第七十九章 …………………………………………… 158

第八十章 ……………………………………………… 160

第八十一章 …………………………………………… 161

宇宙人生 ……………………………………………… 166

宇宙观的延伸 ………………………………………… 168

人生观的延伸 ………………………………………… 169

社会观的延伸 ………………………………………… 170

第一章

　　道可道，非常道。名可名，非常名。无，名天地之始；有，名万物之母。故常无，欲以观其妙；常有，欲以观其徼。此两者同出而异名，同谓之玄。玄之又玄，众妙之门。

　　解读：宇宙啊宇宙，它不是恒常不变的，它是时刻都在变化的。名称啊名称，名称只是给事物的代号，名称并不是事物本身。

　　能量，是天地最初的样子；物质，是产生万物的条件。所以，从能量的角度看物质，可以看出事物的奥妙；从形成的物质观察物质，看到的是物质的现象和特性。物质和能量是相同的东西，只是状态不一样而已，相同的东西，不同状态的变化，导致不同的特性表现，变来变去，是奥妙产生的根源。

　　"道可道，非常道。名可名，非常名。"关键的两个字，道和名，这里道指的是宇宙的本体，我们所在的这个无限大的宇宙空间及其中所有的能量，名指的是事物的外在形状、形象和人为设定的名称、名字。

　　任何事物我们都可以给它命名，然而，我们命的名只是给它取的代号，这代号并不是事物本身。比如，街上的张三，当初如果取名叫张四，那他就是张四了。不管他叫张三，还是叫张四，都只是他的名字，他的代号，并不是这个人本身。

无，指的是能量；有，指的是物质。能量的运动聚集产生了物质，那么物质的本质就是能量。

多数情况下，能量是看不见摸不着的，感觉就像无中生有一样，让人不好琢磨。真正的无是不可能生出有的，古人说的无实际上是看不见、听不到、摸不着，但又客观存在的事物，比如一个水分子，人肉眼根本看不见，借助科学实验室的仪器才可以看到它。物质和能量是一样的东西，玄妙之处就在于，它们之间可以相互转化。道家常说的无，先天一气，阴阳二气，实际上这个气就是指能量。

现实生活中，变魔术能变出钱来，也是物质的转移，不可能是无中生有，只是观众肉眼很难看出来，真正的没有是不可能生出有的。

从事物形成之初，从事物的本质看待问题，事物的奥妙之处了然于心，因为很清楚事物的来龙去脉。事物形成之后，或者事物发展到一定阶段，看到的往往只是表面现象，很难完全看懂。

冰就是水，水就是冰，都是水分子组成的，北方冬天河里结了厚厚的冰，我们可以在冰上走路，没结冰的时候就不行，同样的物质，不同的形态，就有不同的特征，不仅玄妙，还可以说它神奇呢。

第二章

天下皆知美之为美，斯恶已；皆知善之为善，斯不善已。故有无相生，难易相成，长短相形，高下相倾，音声相和，前后相随。是以圣人处无为之事，行不言之教。万物作焉而不辞，生而不有，为而不恃，功成而弗居。夫唯弗居，是以不去。

解读：天下人之所以知道什么是美，那是因为有丑的东西对比；都知道什么是善良，那是因为有不善良的事物作参考。所以，有和无相伴而生，难和容易是相对而言的，长和短是相比较而产生的，高和低也是对比而言的，音和声也是相伴而生的，有前就有后，前和后也是相伴而生，并密切相随，没有单独的前，也没有单独的后。

圣人做的是无为的事，不妄为，教化人不用语言。以无为之心不辞辛苦地利益万物，生养而不据为己有，有作为而不自恃其能，做成了也不自居其功。他不自居其功，其功却永恒不灭。正是因为压根就没有占据功劳的那份心，所以根本就不会失去。

"天下皆知美之为美，斯恶已；皆知善之为善，斯不善已。故有无相生，难易相成，长短相形，高下相倾，音声相和，前后相随。"

这几句就是有比较的二元论，相反相成，也是马克思主义认识事物的对立统一思想。没有体会过苦，你怎么会知道什么是甜？许多时候都是相比较而言的，你有一千万，和有一百万的人比起来，你是有钱人，然而和有上亿的那些人比起来，你就是穷人。

"是以圣人处无为之事，行不言之教。"

这里解释一下什么是无为，"无为"这个词在《道德经》中多次出现，无为不是不作为，是为别人的需要而作为，是积极的作为，是大公无私的作为，而不是为自己的私心私欲去作为，古代有道的圣人没有私心没有私欲。不是用语言去教化人，而是用实际行动来教化人；不是嘴上说着该怎么做，而是直接做个现成的样子，别人自然会看到。嘴上说为人民服务谁都会，然而，雷锋身体力行做到的那样，才是为人民服务，才是真心真意、全心全意地为人民服务，雷锋的所作所为，就是无为，就是不言之教。

"万物作焉而不辞，生而不有，为而不恃，功成而弗居。夫唯弗居，是以不去。"

万物作焉而不辞，这就是无为，古代有道的人，不是不作为，而是不辞辛苦地作为，只不过是为了社会的需要而作为，为了人民的需要而作为，而不是为自己的需要而作为，也不是肆意妄为，无为是合乎天道之为。

不居功，不曾想得到一件事物，心里压根就没想拥有，就谈不上失去，也不会失去。

功成身退就是不居功，古代这样的实例很多，秦始皇统一天下，一大半的功劳都归功于王翦。然而，在助秦始皇统一天下后，王翦很快就告老还乡，这就是不居功的境界，心里压根不想以功自居，然而，了解秦朝历史的人，哪个会不知道王翦立下的是怎样的功劳？而且，王翦功成身退，也使自己安享了晚年，可谓善终了。还有一个范蠡，他追随越王勾践二十余年，帮助越王完成复国大业，越王想要封赏范蠡，范蠡却带着家眷悄然离去，这就是功成身退。

无为，不是不作为，是没有自我私心、私欲的作为，是无我、无私、顺应天道的作为。

无为，就是不妄为，不违背自然规律而为，顺应宇宙规律而为，顺应时代大潮流而为。

无为之为，不是为自己的需要，而是为他人的需要、为社会的需要、为人民大众的需要而为。

无为之为，就是做了事情，不会到处炫耀，不会争功争名，心里根本不在乎功名。

无为的初心，为他人、为社会、为人类，不为自己。

第三章

不尚贤，使民不争。不贵难得之货，使民不为盗。不见可欲，使民心不乱。是以圣人之治，虚其心，实其腹；弱其志，强其骨。常使民无知无欲，使夫知者不敢为也。为无为，则无不治。

解读：推崇贤人，就会有竞争，因为民间高手多的是，而且很多不是高手的也自以为是高手，过于推崇的话，不仅有竞争，还会有纷争、有斗争呢，所以，不能推崇。

把稀缺的东西价格抬得很贵，人们就会想着偷这些贵的东西，特别在古代那种没有监控的情况下，偷盗的现象应该是很多的。什么事都要有个度，过于推崇一件事情，人心就会乱。

这里解释一下什么是圣人，圣人就是没有贪嗔痴慢疑之心，没有私心私欲的人。圣人朴实得不能再朴实，他们不会认为自己很牛，因为他们已经臣服于宇宙。只有我们有贪嗔痴慢疑之心的人才会认为自己很牛，圣人没有了贪嗔痴慢疑之心，所以他们即便很厉害，也不会认为自己很厉害。正是因为他们没有了贪嗔痴慢疑这些人性的弱点，所以他们往往能对社会做出很大的贡献，做出贡献后人们出于对他们的敬仰，称他们是圣人，这是人们对他们的尊称。

古代的圣人治理天下，让人吃饱穿暖，身体健康，不刻意推崇某些事物，让人不起贪欲之心，让人心平气和，自然淳朴，人民安居乐业，社会稳定和谐，用这种无为的方式治理天下，就没有治理不好的事物。

无为，就是不刻意推崇什么，不刻意制造什么，不刻意主导什么。看到社会需要什么，就做什么；看到人民需要什么，就做什么。无为不是不作为，是高尚的作为，是为了社会的需要而作为，为人民的需要而积极作为，不带有任何私心。

无为，是治理社会的最高境界，也是老子提倡的治理方式，是效仿天道的，也是大公无私的。理解了无为，《道德经》的很多章节就容易理解了。

第四章

道冲而用之或不盈。渊兮似万物之宗。挫其锐，解其纷，和其光，同其尘。湛兮似若存。吾不知谁之子，象帝之先。

解读：宇宙中的能量，看似空空如也，却取之不尽，用之不竭，日月星辰都是它化育的，不知道这些能量是怎么产生的，反正能量比万象、万星更早出现。

能量是柔弱柔和的，没有锐气，没有纷扰，没有特别的光芒，质朴平常，人们好像感觉有，又好像没有。

"吾不知谁之子，象帝之先。"这句就是在思考能量的来源问题，目前人类没有标准答案，无论是宗教还是科学，或者神话传说，都只是猜想、假设性质的思想倾向性。浩瀚宇宙中，人不是万能的，也许人类永远都找不到答案。

除了能量来源的问题，还有能量的存在、运动问题，及能量的存在、运动是随机的，还是被造物的问题。能量的存在、运动是真实的，每一个当下都在进行，每一个当下都是守恒的，无论是科学、哲学、宗教，都可以证明，并且它们都是建立在能量存在、运动的基础上。那就还剩能量的存在、能量的运动、有没有被造物的问题，这无非就是两种可能性，有或没有。无论倾向于有，还是倾向于没有，都是自我的思想倾向，没有必要非要互相说服，甚至互相排斥。本人倾向于有，并且发自内心地敬仰创始者。

宇宙创始者，宇宙最伟大的神，开拓了宇宙空间，赐予了宇宙能量，能量化生万物，滋养万物。

宇宙创始者，宇宙最高贵的神，德通全宇宙，大爱万物生灵，怜悯一切苦难，乐见一切美好。

宇宙创始者，宇宙最庄严的神，终极审判，铁面无私，清楚一切事，明了每一个生灵的心。

第五章

　　天地不仁，以万物为刍狗；圣人不仁，以百姓为刍狗。天地之间，其犹橐籥乎？虚而不屈，动而愈出。多言数穷，不如守中。

　　解读：不能从仁或不仁的角度来看待天地和圣人，宇宙空间里的能量自然地生养万物，万物都会经历从无到有，再从有到无的过程，这是宇宙的自然规律。

　　宇宙中的能量不但化生了万物，还滋养着万物，是德，是大德，不是仁或不仁那么肤浅的概念，圣人是合道的，是合乎宇宙规律的。世俗的仁、义、礼，只是普通人之间的道德标准，不是真正的宇宙规律。

　　宇宙空间内，就像乡村传统烧火的风箱，看似空虚没有东西，实际却是拉动越快风就越大，这个空虚是很有用的，话多有失，词不达意，还是适可而止为妙。

　　守柔，守正，守本，清净，是正道；激烈，刚强，喧嚣，浮躁，是反道。

第六章

谷神不死，是谓玄牝。玄牝之门，是谓天地根。绵绵若存，用之不勤。

解读：宇宙中的能量永远不会枯竭，一直在运动，能量是日月星辰的母亲，是产生天地万物的本源，取之不尽，用之不竭。

这里的谷神就是指能量，能量既不会凭空产生，也不会凭空消失，它只能从一种形式转化为另一种形式，或者从一个物体转移到另一个物体，在转化或转移的过程中，能量的总量保持不变。

能量守恒定律，也是佛学所讲的，不生不灭，不增不减，宇宙空间内的总能量守恒，从古至今，乃至于以后，看得见的能量与看不见的能量之和，是一个恒定不变的常数。

第七章

天长地久。天地所以能长且久者，以其不自生，故能长生。是以圣人后其身而身先，外其身而身存。非以其无私邪！故能成其私。

解读：天地之所以能长久地存在，是因为它们不是为了自己而生，所以以能长生。所以，古代有道的圣人处后，反而导致了在前；将生死置之度外，反而成就了他们身心事业。这不正是因为他们没有私心吗？才更好地成就了他们自己高尚的大公无私的品格。

"天地所以能长且久者，以其不自生，故能长生。"

不自生，就是宇宙大自然不是为了自己的存在而存在，而是为万事万物的存在而存在，为万事万物提供生存空间和养分，所以它能长久地存在。这就是无为，不是为了自己的需要而为，而是为了万物的需要而为，明白了无为的意思，这里就比较好理解了。

比如宇宙空间里和我们息息相关的太阳，万物的生长几乎都要太阳提供能量，比如光合作用，科学实验室的仪器都可以直观看到，民间谚语就有万物生长靠太阳，而且很多民族都膜拜太阳，自古以来太阳在人们心中就有崇高的地位。太阳不是为了自己的存在而存在，而是为给万物生长提供能量而存在，是为照亮一方而存在，所以它能长久地存在，所以它是伟大的，人们发自内心地感谢、膜拜它。

"是以圣人后其身而身先，外其身而身存。非以其无私邪！故能成其私。"

圣人就像太阳一样，燃烧自己，照亮别人，将自己的个人得失、名利甚至生死置之度外，正是因为他们没有私心私欲，反而更好地成就了他们自己，非常微妙、玄妙。

"故能成其私"，这个私，不能理解为自私或私心私欲，因为真正的圣人是没有私心私欲的。这个私，就是圣人的大公无私，是顺应天道的，是高尚的。

三皇五帝之首的伏羲，他为人民做了许多有意义的事情，如带领人们用兽皮缝制衣服，抵御寒冷，结网打鱼，投矛狩猎，而狩猎活动的展开又使得动物类食物日益增加。伏羲不是为自己的需要而为，而是为了其他人的需要而为，为了部落所有人的生活需要而为，所以，直到现在人们依然记得他，敬仰他。

第八章

上善若水。水善利万物而不争，处众人之所恶，故几于道。居善地，心善渊，与善仁，言善信，正善治，事善能，动善时。夫唯不争，故无尤。

解读：上好的行为方式就像水那样。水滋养万物、利益万物而不与万物争名争利，常居于众人都不愿意待的低洼处，所以说它接近宇宙大道了。人如果能学习水，像水这样那就太好了，择下而居，内心虚怀若谷，与人交往善于给予别人，说话言而有信，处理社会事务就会无为而治。善于做成一件事，做好一件事，行动的时候善于把握住好的时机。只要不争名利，就不会有遗憾、抱怨。

"居善地。"水主要有三种形态：气态、液态、固态。这三种形态我们最常见的就是液态，液态的水受重力作用总是往低处流，它没有思维意识，就是简单的受重力的作用。人正好相反，人喜欢以高自居，喜欢高高在上的感觉，什么清高的人啊，高冷的人啊，一抓一大把，然而，居高不合宇宙大道，高处不胜寒，宇宙大道是处下，人和宇宙大道正好是相反的。

所以，人应该多向水学习、借鉴，最起码，为人处事的时候善于找准自己的位置吧。

"心善渊。"内心虚怀若谷，就会善于接受一切，容纳一切，就会海纳百川，有容乃大。

"与善仁。"善于给予别人，你给予别人，别人自然会给予你，以给予之心为人处事，赠人玫瑰，手有余香，是无为的境界，是为人处事的最高境界。老是想着从别人那里索取，老是想着套路别人，老是想着利用别人，别人会怎么对你？别人能怎么对你？你能混成什么样？背宇宙大道而行，结局肯定不好，往往是一时的得意，换来的却是长久的痛苦。

"言善信。"《道德经》里的信主要有两种意思，真和诚，这里的信是诚信的意思，言而有信，说话算数，对自己说过的话、做出的承诺负责。古人云："人而无信，不知其可也。"一个人如果没有信用，就不要理他了。现在好多银行信用卡也是这样啊，你一旦不能按期偿还，后面你就借不到了。信用，是一个人的立身之本。

"正善治。"就是用无为的心态去解决问题，对于出现的问题，从根源上解决，彻底解决。

"事善能，动善时。"合乎天道的人，做事情更容易成功，因为更懂事物的规律，抓住事物的规律，得道者多助，失道者寡助。在懂得规律的前提下，就更善于把握住好的时机，寻找好的时机再下手，成功率就高。成吉思汗说过，在黑暗的夜里，要像乌鸦一样有坚强的忍耐力！这是说时机不成熟的时候要忍耐，一定要等时机成熟再出手。

李渊是唐朝的开创者,那他一定有过人之处,其实,真实的李渊不仅开创了大唐,而且还是一个出色的谋略家、军事家,这一点从他选择起兵时机上就能看出来。

李渊在晋阳起兵时间是公元617年,当时隋朝的天下已经大乱,各地风起云涌,光是叫得上名号的诸侯就有七八个,如瓦岗李密、马邑刘武周、朔方梁师都、榆林郭子和、武威李轨和金城薛举等。这些起义军各自占据一块地方,将隋王朝的天下搅得天翻地覆,而其中又以瓦岗李密的势力最大。

李渊此时是隋朝的太原留守,而这块风水宝地最终也成就了李渊的事业。太原自北朝以来一直是北方的军事重镇,为了防止北方的突厥人南下,隋朝同样在太原驻扎了大量精兵,囤积了够吃几年的粮食。而现在,这些东西都成了李渊造反的本钱,但握着如此好的条件,李渊却一直按兵不动,几乎是最后一个扯起反旗。

其实,在各地起义军闹得天下大乱之时,李渊的部下和儿子们都曾劝他早做打算,这隋朝是气数已尽,迟早要亡了,不如干脆反了。

但很长一段时间,李渊根本就不为所动,他在等待时机。李渊知道,自己的地盘远离起义军闹腾的中心地带,与其去当出头鸟招来隋朝大军围剿,还不如以朝廷的名义在太原广积粮,缓称王,等到各路反王们和朝廷的军队相互厮杀消耗得差不多了,自己再出来收拾残局。

所以在太原，李渊也为造反做了多方面的准备。他镇压并收编了太原周围的农民军，将他们为己所用。同时为了解决北面突厥的威胁，他与始毕可汗达成了协议，突厥为他起兵提供部分兵源与战马，并保证不抄他的后路，取得长安后，土地、人口归李渊，财物归突厥。

在解决了突厥这个最大的隐患之后，李渊等待的机会终于来临了。公元617年，农民军与隋朝的部队已经大战了几年，但大部分农民军其实是乌合之众，并无多大理想，只是停留在占领一块地盘自立为王的水平，而此时势力最大的瓦岗军正在东都洛阳与隋朝死磕，自命不凡的李密围着洛阳攻了几个月，就是拿不下来，但退又不能退，而西京长安此时仍然未被任何一支起义军占领。

与隋炀帝同为关陇贵族集团的李渊知道，占领关中平原和长安城，就相当于为自己争取到了贵族们的支持。于是，在太原起兵后，李渊兵锋直指长安，并在一年之内顺利拿下了长安。而在拿下长安后，李渊并没有自立为王，而是拥立隋炀帝的孙子杨侑为帝，尊远在江都的炀帝为太上皇。

这样一来，李渊便占据了道义上的制高点，同时，也像曹操那样挟天子以令诸侯，这是其他起义军所不能具备的政治优势，为以后李渊一路降服各路人马打下了良好的政治基础。

所以说，李渊起兵的时机可谓把握得恰到好处，是为占尽天时。在隋王朝陷入各地起义军的包围之中无力集中兵力各个击破时，而李渊则已经占据了富饶的关中地区，为自己日后的成功积累了充足的资本。后来，李密在东都被隋朝击败后投奔了李渊，而隋炀帝在江都被杀，李渊便顺理成章地在长安称帝建立了唐朝，并用七年时间扫平了天下。

第九章

持而盈之，不如其已；揣而棁之，不可长保。金玉满堂，莫之能守；富贵而骄，自遗其咎。功成身退，天之道也。

解读：一味地想充盈自己、想多得到，不如适可而止；处处锋芒毕露，那锋芒就保全不了太久。满屋的财富，往往守不住；一时的富贵，如果骄横妄为，后面必定会带来灾祸、遗憾。功成身退，不居功，才是宇宙大道真理。

"持而盈之，不如其已。"什么事都要有个度，适可而止，一味地追求物质，会使人身心疲惫，物质多了，可能困惑更多。吃饭是为了活着，可活着不仅仅是为了吃饭，物质追求只是人生的一部分，不是全部，人活着，不仅仅是为了追求物质，还有精神追求。

你把全部精力都放在追求物质上，可能是捡了芝麻，丢了西瓜。很多不注重精神追求的人，只是一味地追求金钱物质，往往是精神贫乏，而物质也没得到多少。初级阶段，物质追求和精神追求要均衡发展，不可偏废，而追求本身要知道适可而止；高级阶段，只有内在的精神追求，根本不再迷恋物质，这是自然规律。

"揣而梲之，不可长保。"年轻的时候都有一定的锐气，只是这样会经常受挫，容易受损，容易折断，不能长久啊。宇宙中，远的不说，就近的太阳系的几大行星，哪个是尖的？哪个是方的？都是圆形的吧，尖的东西，锐的东西，易受挫，易受损，不合道啊，道是柔和的。

"金玉满堂，莫之能守。"这就是人们常说的富不过三代，还有另一层意思，就是在古代那种治安状况下，如果你屋里有很多金银珠宝，许多人就会惦记着你的财富，人就会起偷盗抢之心，金玉满堂，可能人财两空。

"富贵而骄，自遗其咎。"许多人，有了些钱，就为所欲为了，就胡作非为了，就恣意妄为了，这是不合道的，最后下场都不好，人狂必有祸。

"功成身退，天之道也。"就是无为，不居功，就不会有别的问题，前面已经讲得很清楚了。

第十章

载营魄抱一，能无离乎？专气致柔，能如婴儿乎？涤除玄览，能无疵乎？爱民治国，能无为乎？天门开阖，能为雌乎？明白四达，能无知乎？生之畜之。生而不有，为而不恃，长而不宰，是谓玄德。

解读：身体和魂魄保持一致，能让它们少分离吗？心柔气和，能像婴儿那样吗？去掉自我内心的杂念偏见，能不戴着有色眼镜看待事物吗？爱护人民，治理国家，能做到无为而治吗？感官的开启和关闭，能不受外界的干扰吗？看明白一切之后，还能保持空空如也的内心吗？像天地那样，化生万物，滋养万物，而又不据为己有，不恃为己能，不随意宰杀，才是最玄妙的大德。

"载营魄抱一，能无离乎？"上学的时候，明明你坐在教室里，心里却想着别的，很入迷，当老师叫你站起来，问你他刚刚讲的是什么的时候，你茫然不知所措，根本答不上来啊，然后就是你挨训的画面了。很多时候，你鲜活的身躯明明就在当下，你的心却在千里之外，时而幻想未来，时而沉浸在过去，这种远距离的神游，肯定累啊。心神合一，才自然和谐。

"专气致柔，能如婴儿乎？"少杂念，让心静下来，内心轻柔和谐，就会像婴儿那样。

"涤除玄览，能无疵乎？"几乎每个人，内心都有自己一整套的道德标准、价值体系，都是拿着自己的这个标准体系衡量其他的事物，所以，同一件事物，有许多不同的看法，一百个人，就有一百种看法，都是自我主观的看法。很多时候，符合自己标准的就认为是对的，不符合自己标准的就认为是错的，这就不一定客观了。所以，要去除以自我为标准的主观心态，站在客观角度看问题。

"爱民治国，能无为乎？"无为而治就是，不是为了自己的需要而为，而是为了人民的需要而为，就是以人民为中心。

秦始皇修长城，确实让人民付出了许多汗水甚至牺牲，但他的初心是为了保护人民的生命财产安全，抵御北方的游牧民族，这就是无为。如果他当初起心动念是为了自己千古留名，才搞这个浩大的工程，那就是有为了。显然，秦始皇起心动念是为了人民生命财产安全，不是为了自己的需要。

"天门开阖，能为雌乎？"心境已经不受外界的影响，完全进入与自然完美合一的状态，这样的心境，根本不会受外界的感官刺激而发生变化。

宠辱不惊，看庭前花开花落；去留无意，望天上云卷云舒。是一种境界，心境平和了，为人处事才能视宠辱如花开花落般平常；心归于自然了，才会视去留如云卷云舒般自然。

"明白四达，能无知乎？"认知到达一定的高度，看什么都是通达、通透的。然而，能不利用自己认知上的优势，去忽悠别人，去套路别人，去欺骗别人吗？今天社会生活中的各种局，各种套路，各种欺诈，是不合道的。

老子早就看透，然而人心人性很难改变，所以，老子很无奈地这样劝认知比较高而又没有到达最高的人。认知最高的人不会搞这些东西，认知最高的人和宇宙大道是一致的，是自然无为的，是守本守正的。

"生之畜之。生而不有，为而不恃，长而不宰，是谓玄德。"

这是无为，前面说了好多次，这里不再重复。

第十一章

三十辐共一毂，当其无，有车之用。埏埴以为器，当其无，有器之用。凿户牖以为室，当其无，有室之用。故有之以为利，无之以为用。

解读：三十根辐条集中在车轴穿过的圆木上，圆木有空的地方，才对车有用处。揉合黏土制成器皿，上面有空的地方，才有器皿的用处，容纳物体的是空间。为房屋安窗户，窗户有空的地方，才对房屋有用处，窗户才可以采光。所以，"有"给人方便之利，"无"发挥着作用。

这里的有，指的是物质；无，指的是宇宙空间。比如，大家常用的一个容量为300毫升的玻璃杯，玻璃杯只是给人提供了一个特定容量的空间，并没有用到玻璃杯本身，用的是300毫升的空间。这个杯体也可以是塑料的，或者是黄金的，有用的都不是杯体本身，而是那特定的300毫升的空间。

宇宙空间，看似没东西，实际上大有用途，正因为空着，才可以容纳万物。

当你思想上清空所有，没有执见的时候，你能接纳所有；当你有执见的时候，有许多东西你是无法接受的，特别是和你执见相反的东西。向宇宙学习，时常清空自己，才能容纳万物。

第十二章

五色令人目盲，五音令人耳聋，五味令人口爽，驰骋畋猎令人心发狂，难得之货令人行妨。是以圣人为腹不为目，故去彼取此。

解读：缤纷的色彩使人眼睛昏花，变幻的音响使人耳朵发聋，丰腴的美食使人口味败坏，驰骋打猎令人心意狂荡，珍奇财宝令人行为不轨。所以圣人注重的不是外在的物质，吃饱喝足就行了，核心在于内在精神境界的提高升华。

宇宙是柔和的，什么事过度了就会产生相反的效果，要适可而止。不要太过于追逐外在的事物，内在的修养才是最重要的。

人生，内在的精神提升，向宇宙靠拢，才是最重要的。对外在物质的追求，对外在虚荣的贪恋，追求外表的浮华，都是迷途。

第十三章

宠辱若惊，贵大患若身。何谓宠辱若惊？宠为下，得之若惊，失之若惊，是谓宠辱若惊。何谓贵大患若身？吾所以有大患者，为吾有身，及吾无身，吾有何患？故贵以身为天下，若可寄天下；爱以身为天下，若可托天下。

解读：得宠和受辱都会内心惊扰不安，最大的忧患是过于看重肉身性命。为什么说得宠和受辱都会内心不安呢？宠是来自上面的，得宠的时候表面看是自己的成功，实际是成了别人的下人，下人做事就要小心翼翼，说错话、办错事都有可能带来灾祸，失宠的时候等于是被别人抛弃不用了，当然会有失落感；受屈辱的时候没了面子，心里也是非常不舒服的，所以说得宠和受辱都会内心不安。

为什么说最大的忧患是过于在乎肉身性命呢？你有患得患失之忧虑，是因为你把肉身性命看得比什么都重，如果你把自己的生死置之度外，你还有什么可在乎的呢？所以，一个人如果能够将自己的生死置之度外，将天下人看得就像自己的生命一样珍贵，爱天下人就像爱自己一样，那么，就可以把天下寄托在这样的人身上，这样的人是可以肩负起天下重任的。

"宠辱若惊，贵大患若身。"就宠而言，清朝和珅是皇帝的宠臣，普通人肯定羡慕啊，然而，就和珅自己而言，他说话办事肯定都要小心翼翼，说错了话、办错了事随时可能有灾祸，甚至小命不保。即使这样，他还是积极地在皇帝身边，那是因为在皇帝身边就是高贵的，是许多人梦寐以求的，不仅如此，还会有一些打赏，还能得到更大的权力，所以，他积极表现，害怕失宠，失宠了就意味着功名利禄没了。患得患失的心态就是，十分想得到，又非常害怕失去，因为把生命和功名利禄看得很重很重。

就辱而言，中国人很要面子，受到屈辱就意味着面子受损，心里肯定是非常愤怒、不能平静的，反过来说，为什么受辱的时候内心会惊恐不安，就是因为把面子看得很重。如果一个人，面子和功名利禄，甚至生命都不在乎了，那就无论遇到什么事，心里都不会惊恐不安，不会患得患失了，什么事都能平静地面对。

确实，说起来容易，做到是很难的，能做到宠辱不惊，那需要充分的人生历练，需要一个复杂、艰难、痛苦的过程，圣人都是这样过来的。见贤思齐，向他们学习，向天道学习，努力提高自己，不断进步，就是正道。

《晏子使楚》部分白话译文：

晏子出使楚国。楚王知道晏子身材矮小，在大门的旁边开一个小洞请晏子进去。晏子不进去，说："出使到狗国的人从狗洞进去，今天我出使到楚国来，不应该从这个洞进去。"于是迎接宾客的人带晏子改从大门进去。晏子拜见楚王。楚王说："齐国没有人吗？竟派你做使臣。"晏子回答说："齐国首都临淄有七千多户人家，展开衣袖可以遮天蔽日，挥洒汗水就像天下雨一样，人挨着人，肩并着肩，脚尖碰着脚跟，怎么能说齐国没有人呢？"楚王说："既然这样，为什么派你这样一个人来做使臣呢？"晏子回答说："齐国派遣使臣，各有各的出使对象，贤明的君主就派遣贤明的使臣，无能的君主就派遣无能的使臣，我是最无能的人，所以就只好委屈我出使楚国了。"

晏子使楚，楚国人想方设法对他极尽侮辱，晏子不但没有被激怒，还巧妙地化解了尴尬，反击回去。原因在于，晏子根本没有在乎自己个人的生死、面子、尊严，在乎的是他的国家的尊严。他出使的时候，这样和别人说话是有很大风险的，当时楚王随时可以杀了他，他一点儿办法没有，然而，晏子已经将生死置之度外，所以才会那么反侮辱过去。

个人的利益是小事，国家的利益是大事，在国家的利益面前，放下个人的名利，晏子是好样的，这样的人无愧于他的国家、人民，天下大事可以寄托在这样的人身上。

第十四章

视之不见名曰夷，听之不闻名曰希，搏之不得名曰微。此三者，不可致诘，故混而为一。其上不皦，其下不昧。绳绳不可名，复归于无物。是谓无状之状，无物之象，是谓惚恍。迎之不见其首，随之不见其后。执古之道，以御今之有。能知古始，是谓道纪。

解读：本人认为，宇宙是由空间和能量构成，能量在空间内无处不在，并且时刻运动着。

能量是看不见、摸不着、听不到的，恍恍惚惚，若隐若现，没有确定的形态，更没有成物质的形状，哪里是前哪里是后，哪里是头哪里是尾，根本不可知。现在所有存在的物质，都是由宇宙最初的能量转化而来的，知道这些就够了，这就是宇宙内能量和物质的关系，亘古不变。

本人认为，宇宙就像一个很大的容器，里面充满着能量。

多数情况下，能量是不可见的，只有它聚合到一定程度，人的肉眼才能看见，肉眼可见了我们才称它为物质。这里物质指的是人肉眼可以看得见的物质，能量指的是一切形式的能量和人肉眼看不见而又客观存在的物质。

29

这里必须强调，宇宙观是根据肉眼可见与不可见来区别物质和能量，即肉眼直观可以看见的叫物质，一切肉眼不可见而又客观存在的所有粒子及粒子团都归能量的范畴。这样简单地划分，便于人们理解运用，而且，古代根本没有科学仪器，这样的划分和古人更接近。

第十五章

古之善为士者，微妙玄通，深不可识。夫唯不可识，故强为之容：豫兮，若冬涉川；犹兮，若畏四邻；俨兮，其若客；涣兮，若冰之将释；敦兮，其若朴；旷兮，其若谷；混兮，其若浊。孰能浊以静之徐清？孰能安以久动之徐生？保此道者不欲盈。夫唯不盈，故能蔽不新成。

解读：大道无形，无象，无状，正因为这样，所以，大道演化出各种有形有象的事物。比如，一个空杯子，它可以装水，也可以装面粉等。

所以，人要虚怀若谷，柔和一些，就像一个空杯子那样，看似空空如也，实际上可以有很多种用途。

经常清空那个杯子，这样它就随时可以接受新的事物，时常地忘掉那些事物，因为杯子里的事物不属于杯子，杯子就是杯子，那些东西只是杯子里的过客，世间没有任何一样东西属于那个杯子，杯子只是短暂的存在，杯子本身只是宇宙能量的一部分，杯子不属于它自己。

第十六章

致虚极，守静笃。万物并作，吾以观复。夫物芸芸，各复归其根。归根曰静，是谓复命。复命曰常，知常曰明。不知常，妄作，凶。知常容，容乃公，公乃全，全乃天，天乃道，道乃久，没身不殆。

解读：放下所有的执见，将一切所谓认知都清除，让自己的内心彻底地空下来、静下来。观察万事万物的循环往复运动，从中找规律。

各种事物，都会叶落归根，归于尘土，归于尘土后开始下一次的因果轮回。因果轮回是自然规律，是自然法则，是客观真理，知道因果轮回，才是通透的大明白人。不知道因果轮回自然法则的人，往往容易胡作非为。

因果轮回就是，什么样的因就会结出什么样的果，种瓜得瓜，种豆得豆。比如善恶，真正明白因果轮回的人，就会知道善因结善果，恶因结恶果，所以，只会种善因，不会种恶因，善待生灵，包容万物，完全顺应自然规律办事，很自然地就和宇宙大道融为一体了，永恒与宇宙大道同在。

万法皆空，因果不空，天道有轮回，人间有因果。

第十七章

太上，不知有之；其次，亲而誉之；其次，畏之；其次，侮之。信不足焉，有不信焉。悠兮其贵言。功成事遂，百姓皆谓我自然。

解读：圣人境界的统治者，人们仿佛感觉不到其存在；贤士层次的统治者，人们会亲近他，赞誉他，爱戴他；差一点儿的统治者，失去了人心，人们害怕他，敢怒而不敢言；最差的统治者，人们会侮辱他，辱骂他。信用度不够的人，人们就不会再信任他。圣人之境的统治者，不妄为，做的是无为之事，不轻言，一旦出言，则言必信，行必果。

圣人行无为之事，都是为人们的需要办事，人们想要什么，人们需要什么，圣人就办什么，顺应人心而为，顺应民意而为。所以，人们都感觉很自然，事情就应该是这样发展的，很多时候，人们会觉察不到这样高尚的统治者的存在，因为他不妄为，不乱为；妄为、乱为的统治者，人们才印象深刻，不仅印象深刻，还让人恨之入骨呢。这样的印象深刻是失败的、耻辱的，那样的人们觉察不到是成功的、高尚的。

这就是以百姓心为心，无我之境，无为之为，放下自我私心私欲后的全心全意为人民服务。

附：

诗经·雅·大雅·文王之什·文王

文王在上，于昭于天。周虽旧邦，其命维新。

有周不显，帝命不时。文王陟降，在帝左右。

亹亹文王，令闻不已。陈锡哉周，侯文王孙子。

文王孙子，本支百世，凡周之士，不显亦世。

世之不显，厥犹翼翼。思皇多士，生此王国。

王国克生，维周之桢；济济多士，文王以宁。

穆穆文王，于缉熙敬止。假哉天命，有商孙子。

商之孙子，其丽不亿。上帝既命，侯于周服。

侯服于周，天命靡常。殷士肤敏，祼将于京。

厥作祼将，常服黼冔。王之荩臣，无念尔祖。

无念尔祖，聿修厥德。永言配命，自求多福。

殷之未丧师，克配上帝。宜鉴于殷，骏命不易！

命之不易，无遏尔躬。宣昭义问，有虞殷自天。

上天之载，无声无臭。仪刑文王，万邦作孚。

译文：文王神灵升上天，在天上光明显耀。周虽是古老的邦国，承受天命建立新王朝。这周朝光辉荣耀，上天的意旨完全遵照。文王神灵升降天庭，在天帝身边多么崇高。

勤勉进取的文王，美名永远传扬人间。上天厚赐他兴起周邦，也赏赐子孙洪福无边。文王的子孙后裔，世世代代繁衍绵延。凡周朝继承爵禄的卿士，累世都光荣尊显。

累世都光荣尊显，深谋远虑恭谨辛勤。贤良优秀的众多人才，在这个王国降生。王国得以成长发展，他们是周朝栋梁之臣。众多人才济济一堂，文王可以放心安宁。

文王的风度庄重而恭敬，行事光明正大又谨慎。伟大的天命所决定，商的子孙成了周的属臣。商的那些子孙后代，人数众多算不清。上天既已降下意旨，就臣服周朝顺应天命。

商的子孙臣服周朝，可见天命无常会改变。归顺的殷贵族服役勤敏，在京师祭飨作陪伴。他们在裸礼上服役，身穿祭服头戴殷冕。为王献身的忠臣，要感念你的祖先。

感念你祖先的意旨，修养自身的德行。长久地顺应天命，才能求得多种福分。商没有失去民心时，也能与天意相称。应该以殷为戒为鉴，天命不是不会变更。

天命不是不会改变，你自身不要自绝于天。传布显扬美好的名声，依据天意审慎恭虔。上天行事总是这样，没声音没气味可辨。效法文王的好榜样，天下万国信服永远。

　　这就是人们对周文王的赞颂，足以说明周文王的圣贤品德得到了人们发自内心的敬仰，人们才乐于歌颂他、赞美他。

第十八章

大道废，有仁义；智慧出，有大伪；六亲不和，有孝慈；国家昏乱，有忠臣。

解读：大道废弃了，会有仁义出现；智慧出来了，会有大伪诈；六亲不和，才看出谁孝慈；国家昏乱，才知道谁是忠臣。

"大道废，有仁义。"大道自然流露出来的是德，是内在的自然流露，没有德了，丢失了最原本的东西，才会出现仁义，用仁义来衡量、约束人的行为，是丢失道德后的表现，再好的仁义，都不如高尚的道德。

"智慧出，有大伪。"真正的大智慧是无言、无为、无欲、无求、无争，世人所认为的智慧，和真正的大智慧正好相反，世人认为的智慧往往是一些小聪明、小滑头，各种套路，是有欲、有求、有争，世俗的所谓智慧，多半是弄虚作假型的谎言、欺骗、虚伪、狡诈。

"六亲不和，有孝慈。"六亲不和，说明问题非常严重，这个时候谁孝谁慈会被看得很清楚，孝慈固然是好，但六亲不和是真的不好，六亲和睦岂不是更好吗？

"国家昏乱，有忠臣。"国家昏乱的时候，谁忠谁奸会让人看得很清楚，这个时候是忠臣在捍卫国家的利益，这个时候，忠臣就像英雄。

有句名言，诞生英雄的民族是可悲的，为什么呢？那是因为国家、民族有危难的时候出现英雄当然是好事，然而一个国家、民族掉落到危难的境地，这本身难道不是一件很悲哀的事情吗？民族兴盛，国家和平稳定，人们安居乐业的状态，岂不是更好？

第十九章

绝圣弃智，民利百倍；绝仁弃义，民复孝慈；绝巧弃利，盗贼无有。此三者以为文不足，故令有所属：见素抱朴，少私寡欲，绝学无忧。

解读："绝圣弃智，民利百倍。"圣贤智者是极少人，是可遇而不可求的，不能拿圣贤标准来要求普通大众，那是超出他们的行为范畴的，按照圣贤的标准要求普通人，普通人会承受不了，只能弄虚作假，只能言不由衷。

"绝仁弃义，民复孝慈。"仁义，本身就是离道离德后的东西，道和德才是最朴素的自然本心，过于讲仁义，人们反而会离道离德更远，不刻意提倡仁义，人们内心朴素，会更孝慈，会更守本分。

"绝巧弃利，盗贼无有。"不给人投机取巧的机会，不把稀有的东西价值看得太高，盗贼自然就少有了。

"此三者以为文不足，故令有所属：见素抱朴，少私寡欲，绝学无忧。"

光有这几个方面还是不够的，还要从另外一个关键的地方入手，那就是要采取无为而治，让人心淳朴自然，少一些杂欲贪念，少一些要小聪明，问题才会从根本上减少，社会才会更和谐。

第二十章

　　唯之与阿，相去几何？善之与恶，相去若何？人之所畏，不可不畏。荒兮，其未央哉！众人熙熙，如享太牢，如春登台。我独泊兮，其未兆，如婴儿之未孩；傫傫兮，若无所归。众人皆有余，而我独若遗。我愚人之心也哉，沌沌兮！俗人昭昭，我独昏昏；俗人察察，我独闷闷。澹兮，其若海；飂兮，若无止。众人皆有以，而我独顽似鄙。我独异于人，而贵食母。

　　解读："善之与恶，相去若何？"有的小孩犯错误的时候，多半自己都会感到害怕，有的家长会照顾到小孩的心理，用和善的语言去教育他，告诉他错在哪里，以后不要再犯这样的错误。

　　有的家长会采取强烈的语言斥责，或者辱骂，或者体罚，这都是很常见的，目的也是为了他不再犯错误。

　　站在更大的格局来看，用两种截然不同，甚至可以说完全相反的态度，来处理小孩犯错的问题，本质都是为了小孩好，这是毋庸置疑的，只是方式不同罢了。

　　如果说前一种方式是善的，那后一种方式就是恶的，然而，这里的善恶哪有什么不同呢？不都是好心好意想让小孩更好吗？

许多时候，事物两极之间，看似相反，实际上可能完全相同。就上面的问题而言，如果说后一种方式是恶，那么这个所谓恶也是一种善，因为内心一定是想让小孩更好。

关于善恶，有人说，人之初，性本善，也有人说，性本恶。实际人初来世界上是不知道善恶的，根本没有那个概念，只是随着年龄的增长，贪欲也在增长，人们往往习惯于根据思想和行为把事物分个善恶。有些得道的人，或者是站在一元角度看问题的人，他们眼里没有善恶，不赞成分善恶。然而，大多数人人性的弱点普遍存在，分个善恶来衡量思想行为，以便人们更好地成长，还是很有必要的。

真善美假恶丑，我们提倡真善美，反对假恶丑，然而这里事物不能绝对，有些时候也会发生变化，比如善意的谎言，站在真假的角度，这是假的，但是它是善的，所以并没有什么不好。真善美假恶丑的划分，只是一个临时规范、约束、衡量事物的尺度，不是让人永久地停留在这些观念上，最终超越真善美假恶丑，止于至善，来到一元无私的大慈大爱境地才是目的。

总之，在认识事物上，不能仅仅停留在自身的立场，应该全方位、多角度地看问题。二元对立或者多元分立，有时无法绝对，达不到完美，但是用处还是很多的，很多人是需要的。

这一章，除上面说的一个重点之外，再说另一个重点，虽然是重点，但不复杂，看问题的关键就行了。

世俗之人，喜欢喧嚣、热闹、物质的占有，耍聪明，比心机，玩套路，也就是注重对外在物质的追求，而老子这类圣贤之人，已经超脱世俗，已经不再追求外在的东西，他们追求的是内心的自然、简单、清静，物质上，吃饱喝足就好了。

人们都觉得圣人厉害，实际上，也可以说他们一点儿都不厉害，他们对物质的追求只是最基本的吃饱喝足，内心简单、清净，厉害什么呢？

厉害的是我们吧，我们的心多复杂啊，我们对金钱物质的追求多贪婪啊，我们对名誉面子的追求多极端啊。

圣人都经历过我们这个阶段，追求的东西不同，是因为思想所处的层次不同，没有绝对的谁对谁错，人心灵的成长有其自然的客观规律。

人生的两种追求，物质追求和精神追求，精神高于物质，所以人最初都是更注重物质追求，后面慢慢地更注重精神追求，这是客观规律，是颠扑不破的真理。精神追求的尽头是顺应天道，人天合一，返璞归真，回归宇宙大自然的怀抱。

人是构成社会的基础，人做到了物质追求和精神追求相协调，社会自然也就协调了，起码不能仅仅停留在物质追求上，更不能沉迷于物质追求上。

就精神追求而言，绝不是主观的理论主义、理想主义、唯心主义，而是客观的实践主义、现实主义、真理主义。

第二十一章

孔德之容，惟道是从。道之为物，惟恍惟惚。惚兮恍兮，其中有象；恍兮惚兮，其中有物。窈兮冥兮，其中有精；其精甚真，其中有信。自古及今，其名不去，以阅众甫。吾何以知众甫之状哉？以此。

解读：宇宙大道，无限广大，能量在其中无处不在，有些可以看得见摸得着，有些根本看不见摸不着，比如，暗物质、暗能量、各种单一的分子或分子团，都是看不见摸不着的，太阳、月亮、星星是肉眼可见的。

具体的，就拿太阳来说吧，太阳的能量一直在滋养着地球上的万物生灵，肉眼可以看到太阳刺眼的光芒，然而，又有恍惚不清的东西肉眼不可分辨。肉眼可不可见已经不再重要，重要的是人们通过感悟总结，都知道万物生长靠太阳，太阳滋养着万物。微观上，太阳能量中一定有些成分是人生命所必需的精华，更传递着宇宙大道给我们的重要信息，人通过感官、感悟体会得到这些，以前是这样，现在是这样，以后也是这样，不光是人，万物生灵都是如此。

燃烧时的火焰，风越大，火就越旺，现代科学可以很好地解释，那就是气流中有许多种气体，其中的氧气支持燃烧，风越大氧气就越充足，燃烧就越旺。氧气之于燃烧，就好比精、信之于生命，亘古不变。

太阳光芒万丈，滋养万物，恩泽众生，燃烧自己，照亮一方，至伟至大，这就是宇宙大道之德的自然流露。

向太阳学习吧，做一个小蜡烛，燃烧自己，照亮别人；做一个高尚的人，奉献自己，协助他人；做一个为人民服务的人，无我无私，利益群众。

第二十二章

曲则全，枉则直，洼则盈，敝则新，少则得，多则惑。是以圣人抱一为天下式。不自见，故明；不自是，故彰；不自伐，故有功；不自矜，故长。夫唯不争，故天下莫能与之争。古之所谓"曲则全"者，岂虚言哉？诚全而归之。

解读："曲则全，枉则直"，能屈能伸才能更好地保全自己，成功的道路哪有平直的大路？人生哪有多少一帆风顺？不都是在曲折中前进吗？理论上，两点之间直线最短，实际上，往往没有这么理想，过于理想的东西现实中可能是永远都找不到的，有一些曲折，有一些起伏，看似比直线多走了一些路，实际上，这就是最快的路、最短的路。太极图上的线，没有直线，都是圆弧曲线，那就是最完美的线路、最短的线路。

"洼则盈，敝则新，少则得，多则惑。"就拿一个杯子来说吧，想要盛放的东西最大化，就应该把之前杯子里的东西清空，彻底地把杯子清洗干净。往杯子里倒水的时候，一定是把杯子放在下面，从更高处往下倒水。一个杯子，当它是空的，什么都没有盛放的时候，它的功能是最多的，空杯子可以放水，可以放酒，可以泡茶等等。

"是以圣人抱一为天下式。不自见，故明；不自是，故彰；

不自伐，故有功；不自矜，故长。夫唯不争，故天下莫能与之争。古之所谓'曲则全'者，岂虚言哉？诚全而归之。"

圣人朴素自然，回归了大道，内心柔和，平静。他们不张扬，不争名利，不居功；更不会自以为是、自高自大，到处张扬炫耀。正是因为他们顺应自然而为，内心根本不在乎名利，更不会争名和以功自居，才成就了他们高尚的品行。

这是客观事实，是客观真理，是自然规律，古代是这样，现在是这样，以后还是这样。

第二十三章

希言自然。故飘风不终朝，骤雨不终日。孰为此者？天地。天地尚不能久，而况于人乎？故从事于道者同于道，德者同于德，失者同于失。同于道者，道亦乐得之；同于德者，德亦乐得之；同于失者，失亦乐得之。信不足焉，有不信焉。

解读："希言自然。故飘风不终朝，骤雨不终日。孰为此者？天地。天地尚不能久，而况于人乎？"

宇宙大自然是安静的、柔和的，偶尔也会有暴风骤雨，但都是短暂的，不能长久。剧烈的、强势的、高调的行为，天地都做不到长久，人的高调、强势、显摆、张扬，能长久吗？显然不能。

"故从事于道者同于道，德者同于德，失者同于失。同于道者，道亦乐得之；同于德者，德亦乐得之；同于失者，失亦乐得之。"

文雅点儿说，志同道合者之间有一种吸引力，对的人，一见如故；通俗点儿说就是，物以类聚，人以群分。

"信不足焉，有不信焉。"一个信用度不够的人，人们就会不信任他。

　　为什么内心平和、柔弱、清净的人能够生存得更长久呢？那是因为这是合于宇宙大道的，合于道者，道亦乐得之。

第二十四章

企者不立，跨者不行，自见者不明，自是者不彰，自伐者无功，自矜者不长。其在道也，曰余食赘行。物或恶之，故有道者不处。

解读：宇宙大自然是柔和的、安静的、不张扬的，所以，非自然常态的东西都不能长久。

正常状态下，人是两脚平稳站立，你如果只是脚尖着地，能坚持多久？你可以试试，不要抬杠说芭蕾舞演员可以长久脚尖着地，他们那是经过许多年专门刻苦的训练，而且脚早就变形了。

自以为是，自高自大，自我夸耀，处处显摆，这都是非自然的，都是不合道的，也是别人厌恶的，当然不会长久。有道的人内心柔和，平静，淡然，不张扬，这和世俗所谓的谦虚是不同的，人们常说的谦虚，往往只是表面，这里的有道之人，是发自内心的虚怀若谷，臣服于宇宙了。

宇宙，喜柔弱，厌刚强。

第二十五章

有物混成，先天地生。寂兮寥兮，独立而不改，周行而不殆，可以为天下母。吾不知其名，字之曰道，强为之名曰大。大曰逝，逝曰远，远曰反。故道大，天大，地大，王亦大。域中有四大，而人居其一焉。人法地，地法天，天法道，道法自然。

解读：这里的道，就是指整个宇宙，宇宙空间非常大，现代最先进的望远镜依然看不到它的边界，在人类认知范围，它依然是无限大的。

能量在宇宙空间内无处不在，并且时刻运动着，能量运动产生了日月星辰，包括我们赖以生存的地球，这里有个逻辑关系就是，必然是先有宇宙空间和能量，再有日月星辰地球，不可能是先有日月星辰地球，后有宇宙空间和能量。

许多运动都有它的规律，就地球而言，公转一圈是一年，这期间伴随着四季变化；自转一圈是一天，这期间是白天和黑夜的交替，往往返返，周而复始。其他日月星辰也各自有各自的规律，能量的运动也是一样。

科学家对地球年龄的最佳估计值为45.5亿年，通常所说的地球年龄是指它的天文年龄，是指地球开始形成的时间，科学对太阳的年龄推算约为45.7亿年。也就是说，地球、太阳的年龄，一定低于宇宙的年龄。

这里说下宇宙的起源，目前科学提出的最客观的猜想是宇宙大爆炸学说，也就是宇宙是由一次大爆炸产生的。中国神话传说中，有盘古开天辟地之说，两者异曲同工，高度一致。世界上许多民族都有自己对宇宙起源的观点、认识、猜想，都是许多年的传承，然而，没有一个绝对客观的权威能够让人们普遍理解接受。

地球上的人类，同在一个地球上，同在一个宇宙中，那么，宇宙的形成必然有且只有一种客观事实，这是绝对的，只是人类还没有确切认识清楚罢了。宇宙的奥妙是无限的，人的认知能力是有限的，也许人类永远都弄不清楚宇宙到底是怎么形成的，然而，这并不影响我们对当下这个客观真实存在的宇宙的认识和规律的总结，这就够了。

抛开宇宙的起源，我们要做的就是对当下真实存在的宇宙运动规律进行总结，也就是，认识自然，学习自然，顺应自然，与自然完美融合，最后完全回归宇宙的怀抱。人本就是宇宙能量的一部分，本身就是一个完美的有机整体，我们呼吸的氧气，我们接收的太阳能，我们喝的水，不都是宇宙能量吗?

最后概括一下宇宙的几个特点：一、空间无限大；二、空间内充满着能量；三、能量是万物的根本；四、能量时刻运动着；五、运动存在着规律。

第二十六章

重为轻根，静为躁君。是以圣人终日行不离辎重。虽有荣观，燕处超然。奈何万乘之主，而以身轻天下？轻则失本，躁则失君。

解读：重是轻的根本，静是动的主宰。因此，贤明者处理问题不会脱离事物的根本，不会丢掉事物的本质。即使有一时的荣誉，也不会飘飘然地沉迷其中，而是超然物外。

但是，也有一些部落的首领，他们把自我看得很重，认为自己是最重要的，把黎民百姓看得很轻，这样就是本末倒置，失去了基本逻辑，当然不能长久。

老子主张无为而治，无为而治的关键在于统治者，在于统治者是否达到了顺天无我的思想境界，在于统治者是否完全地放下了自我的私心私欲，是否清楚自己是为人民服务的，是否清楚人民不是为自己服务的，是否真心实意地为人民办事，是否清楚人民才是社会的主体，是否清楚人民才是社会的根本，是否清楚人民才是国家的主人，是否清楚所有的财富都是人民创造出来的，是否清楚权力不是欺诈、压迫、剥削人民的工具，而是为人民服务的工具。

孟子提出过，民为贵，社稷次之，君为轻。和老子的思想是一致的，都认为基层的人民大众是社会的基础，是社会的重要核心。

《荀子·哀公》中有句名言，水能载舟，亦能覆舟。是说统治者如船，老百姓如水，水既能让船安稳地航行，也能将船推翻吞没，沉于水中。

公元8年，王莽篡汉建新朝，宣布推行新政，史称"王莽改制"。

王莽全面复古，屡次改变币制，更改官制与官名，改革土地制度，废除奴隶制度；刑罚、礼仪、田宅车服等仪式都企图恢复到周礼模式。结果改制使老百姓受害，很快就爆发农民起义，导致新朝的灭亡。

第二十七章

善行，无辙迹；善言，无瑕谪；善数，不用筹策；善闭，无关楗而不可开；善结，无绳约而不可解。是以圣人常善救人，故无弃人；常善救物，故无弃物，是谓袭明。故善人者，不善人之师；不善人者，善人之资。不贵其师，不爱其资，虽智大迷，是谓要妙。

解读："善行，无辙迹；善言，无瑕谪；善数，不用筹策；善闭，无关楗而不可开；善结，无绳约而不可解。"

这部分就是一个关键重点——无。比如一张100分的试卷，你考了100分，这就是无可挑剔，然而，正常情况下，满分是很难的，少数非常优秀的人才能做到。无，就意味着做到完美，无法挑剔，天衣无缝，要做到确实很难，做到者就是圣贤水平了，虽然难，也要努力见贤思齐，不断提高自己。

"是以圣人常善救人，故无弃人；常善救物，故无弃物，是谓袭明。"

圣贤之人善于协助别人，往正确的方向指点别人，甚至是挽救别人，圣人不会遗弃任何人；圣贤之人善于利用物品，不会轻易丢掉，就现在社会而言，可以说是善于废物利用，善于对物质充分利用，循环利用。

"故善人者，不善人之师；不善人者，善人之资。不贵其师，不爱其资，虽智大迷，是谓要妙。"

所以，不善于为人处事的人，应该向善于为人处事的人学习；善于为人处事的人，应该从不善于为人处事的人身上总结，以他们的经验教训为自己所吸取，这样就可以避免发生类似的问题。

失败者要多向成功者学习，成功者要把失败者的教训引以为戒，避免以后自己也发生类似的问题，这就是提高自己的奥妙之处，不能做到者就不是真正的明白人。

《荀子·成相篇》："患难哉！阪为先，圣知不用愚者谋。前车已覆，后未知更，何觉时？不觉悟，不知苦，迷惑失指易上下。忠不上达，蒙掩耳目塞门户。"

白话译文：遭殃遭殃真遭殃！歪门邪道是志向，圣人智士不任用，却和蠢人去商量。前边车子已倾覆，后车尚未知改向，何时觉悟不乱闯？君主实在不觉悟，不知如此会受苦，迷惑糊涂不作主，上下颠倒成下属。忠言不能告君主，君主耳目被蒙住，就像堵住了门户。

贾谊是西汉时期著名的文学家。他年轻的时候，所写的文章便远近闻名。汉文帝听说贾谊精通诸子百家，于是征召贾谊入朝担任博士之职，此时，贾谊年方二十岁。为了表示对汉文帝的忠心，他曾多次上书，陈述治理国家的大政方针，受到皇帝的赞赏。

有一次，贾谊在奏折中引用了夏、商、周三代都统治了几百年，而秦朝只传了两代的历史事实，劝说汉文帝应该效仿夏、商、周三代的做法，改进政治措施，努力治理国家。他引用当时的谚语说："前车覆，后车戒。"意思是说，前面的车子翻了，后头的车就要小心了，应当以此为戒，避免再发生类似的错误。接着他又说道："秦代灭亡的车迹我们已经看到了，如果不注意，我们也会走上灭亡的道路。所以我们一定要施行仁政，安抚百姓。"

汉文帝认为贾谊的意见很好，于是采取了相应的轻徭薄赋、提倡节俭、奖励农桑等休养生息的措施。经过他和儿子汉景帝两代皇帝的治理，社会经济获得了很大的发展，国力也逐步强大起来。历史上称这一时期的统治为"文景之治"。

本章重要的两点：前事不忘，后事之师，避免重蹈覆辙；见贤思齐，向优秀的人学习，不断提高自己。

第二十八章

知其雄，守其雌，为天下谿。为天下谿，常德不离，复归于婴儿。知其白，守其黑，为天下式。为天下式，常德不忒，复归于无极。知其荣，守其辱，为天下谷。为天下谷，常德乃足，复归于朴。朴散则为器，圣人用之，则为官长。故大制不割。

解读：老子的思想就是自然淳朴的，守柔，守静，内心平和，不争外在的东西。不争外在的东西，并不是不知道外在的东西的好处，而是经历过，看淡了，外在的东西为虚，内在的东西才是实的。

守其雌，守其黑，守其辱，就是最自然的婴儿、无极、朴素状态。大自然的状态就是朴实无华，柔和柔软，润物无声，这种状态下自然流露出的就是德。

德是心境无私后的自然流露，是不图回报的给予，是无为之为。宇宙之德，在于化生万物，滋养万物，不图回报，不争功名。

德是宇宙自然大道最珍贵的东西，万物生灵都喜欢德，所以，一个有德的人，在哪里都是受欢迎的，都是被人们所认同的，都是让人心服口服的，当然可以做人民的代表了。

帝尧是一位治国有方、节俭、朴素、为百姓着想的好首领。他的节俭程度，说出来可能都不会有人相信。据说，他住在用草盖的房子里，房梁就是直接从山上拿下来的粗糙木头架上的，这木头甚至都没有进行刨光。他平时吃的是糙米饭，喝的是野菜粥，穿的是粗布麻衣，天气冷的时候，他再在外边加一件鹿皮披衫来挡风。这位首领平时使用的器皿就是一些土碗、土钵子，屋内也没有一件像样的家具。当人们得知帝尧生活这样朴素后，都不由得感叹道："恐怕就连守门的小官，过的生活都比尧好上很多吧！"可是尧没有因为物质生活的匮乏而停止追求的脚步。他兢兢业业，把国家治理得井井有条，人们安居乐业，生活富足。

尧顾念人们的程度也是其他首领不能及的，很少有人能做到他这种程度。在尧的国家曾经有个人因为没饭吃，饿肚子了，帝尧知道以后，惭愧地说："是我没有治理好国家呀，居然还有人没饭吃饿肚子！"如果有人因为贫穷没有衣服穿，而受冻了，帝尧肯定会说："是我的过错，使他穿不上衣服的。"在帝尧的国家中，如果有人犯了错误，他必定会说："是我没有感化好他，才使他陷入了罪恶的泥坑。"帝尧对待罪犯，从来不使用各种刑具，对他们进行身体上的摧残，他总是用自己的善良来感化他们，所以犯罪率越来越低，人们也越来越善良。尧就是这样，把所有的责任都担在自己的肩上。在他做首领时，即使人们遇到了旱灾没饭吃，即使旱灾之后又发生了水灾，冲毁了人们的房子，大家也毫无怨言，因为他们知道尧会带领大家克服困难，走出困境，重新过上好生活。对这样的一位好首领，大家只会衷心地爱戴他，又怎么会有怨言呢？

厚德载物，是中华民族传统美德，通俗地说就是，地的本性是顺天而动的，人应效法地，以淳朴厚德宽容待人，淳朴则能真诚近人，宽容则能容人容物。

第二十九章

将欲取天下而为之，吾见其不得已。天下神器，不可为也。为者败之，执者失之。故物或行或随，或歔或吹，或强或羸，或挫或隳。是以圣人去甚，去奢，去泰。

解读："将欲取天下而为之，吾见其不得已。天下神器，不可为也。为者败之，执者失之。"

想要打天下并且把它据为己有，是不可能成功的，天下是神圣的存在，不可能只属于哪一个人，谁要为所欲为，谁就必败，谁要把它据为己有，谁就必然会失去它。

从公元前230年到前221年秦始皇嬴政先后灭掉了六国，完成国家统一，后北击匈奴，南服百越。首创了皇帝制度，以三公九卿为代表的中央官制，以及郡县制，彻底打破自西周以来的世卿世禄制度，维护国家的统一，强化中央对地方的控制，奠定中国大一统王朝的统治基础，故有说法"百代犹得秦政法"。但秦朝的暴政也引起了阶级矛盾与社会的动荡不安，导致中国历史上第一次大规模的农民起义。公元前206年，秦王子婴向刘邦投降。仅十五年，强大的秦朝便走向灭亡。

地球是宇宙的一部分，是亿万星辰的其中之一，是造物主所创造，地球上的每一块土地都只属于地球，不属于人。人类与地球的关系就是，地球承载一代又一代人的生命全过程，人是地球上的匆匆过客，地球不属于人，只是给人的生命过程提供的一个舒适场所。

"故物或行或随，或歔或吹，或强或羸，或挫或隳。是以圣人去甚，去奢，去泰。"

圣人内心平和，身心柔软，守柔守静，吃饱喝足就好。不会整天忙于对外物的追求，不会沉溺于奢靡的生活，不会天天争强好胜。

关于圣人，守柔，守静，内心充实，不追求外表的功名利禄，《道德经》在反复地说，本人也解释很多次了，道理不难理解，应该都很清楚了。

然而，我们却做不到，很多时候我们做的正好和圣人是相反的，那是因为，我们和圣人的思想境界不同，每个人所处的年龄段不同，我们和圣人没有谁对谁错之分，只是所处的成长阶段不同，人的心灵成长有其客观的自然规律。

人生，心灵的成长是必修课，也是最重要的课，每个人都是从低到高这样的过程，每天进步一点点就是好的，成长都需要时间，需要经历。

第三十章

以道佐人主者，不以兵强天下，其事好还。师之所处，荆棘生焉。大军之后，必有凶年。善者果而已，不敢以取强。果而勿矜，果而勿伐，果而勿骄，果而不得已，果而勿强。物壮则老，是谓不道，不道早已。

解读：有道的人辅佐君主，不会崇尚武力，不会动不动就出兵打仗，打仗会给人民带来沉重的负担，使百姓流离失所，更重要的是战争往往会带来大量的人员伤亡。

在不得已的情况下出兵打仗，也要注意分寸，局势控制住就好了，不能一直疯狂地打下去，更不能滥杀无辜，不要以武力霸权的方式来解决问题，那是不合道的，不合道就会消亡得比较快。

老子心地善良，爱好和平，不希望发生战争，不希望看到人民受苦受难，让人钦佩。

理想美好，现实残酷，在野蛮、霸权横行的现实社会中，逆天的弱肉强食法则，一直是导致人类灾难的根源。华夏民族顺应天道，以和为贵，不搞弱肉强食的霸权，但是，一定要有对付野蛮霸权的强大力量。

第三十一章

夫兵者，不祥之器，物或恶之，故有道者不处。君子居则贵左，用兵则贵右。兵者不祥之器，非君子之器，不得已而用之，恬淡为上。胜而不美，而美之者，是乐杀人。夫乐杀人者，则不可以得志于天下矣。吉事尚左，凶事尚右。偏将军居左，上将军居右。言以丧礼处之。杀人之众，以哀悲莅之；战胜，以丧礼处之。

解读：上天有好生之德，每一个生命都是独一无二的精灵，上天创造生命，滋养生命，爱护生命。

人类之间相互残杀，是不合道的逆天行为，有道的人应该积极维护社会和平，避免发生战争，不得已发生战争，应想方设法避免不必要的伤亡，把战争带来的灾难最大限度地降低。

人类社会没有天道那么理想，人心在贪欲、控制欲、占有欲笼罩下，历史走到现在，战争从未停止过。

老子心善，合于天道，不忍看到战争给人民带来的灾难和伤亡，所以，反对战争。特别是非正义的战争，也就是以侵略、破坏、掠夺为目的的战争，坚决反对这种战争。

不得已情况下发生的正义的战争，应该尽量避免不必要的伤亡，对于出现的伤亡者，不管敌友，要心存对生命的敬畏，以悲悯之心处理他们，也不能觉得杀人多是自己的本事大、功劳大，战争带来的伤亡归根结底是人类自身的悲剧。

优待敌方伤员，是中国军队的优良传统，也是大国担当，更是华夏民族对人类的悲悯之心。

第三十二章

　　道常无名，朴虽小，天下莫能臣也。侯王若能守之，万物将自宾。天地相合，以降甘露，民莫之令而自均。始制有名，名亦既有，夫亦将知止，知止可以不殆。譬道之在天下，犹川谷之于江海。

　　解读："道常无名，朴虽小，天下莫能臣也。侯王若能守之，万物将自宾。天地相合，以降甘露，民莫之令而自均。"

　　宇宙中的能量，无形、无象、无规则运动，虽然很微小，但是天下却没有人可以完全认识清楚它，没人能战胜它。

　　治理天下的人，如果能处无为之事，不乱发号施令，人心自然淳朴，人人各有所居，各有所生，各有所乐，社会和谐稳定，那该多好啊。就像天上下雨一样，没有刻意地分配，雨水自然均匀。

　　"始制有名，名亦既有，夫亦将知止，知止可以不殆。譬道之在天下，犹川谷之于江海。"

　　如果要主动推行一些政策，确定一些制度，那也要张弛有度，把握好尺度才能得心应手，不至于被动。

　　解决好社会的底层问题，解决好基层的问题，解决好所有人最基本的生存生活问题，保护好人民的根本利益，切实保障好人们最起码的权利，不压迫、剥削、欺诈人民，才是合道的。

第三十三章

知人者智，自知者明。胜人者有力，自胜者强。知足者富，强行者有志。不失其所者久，死而不亡者寿。

解读：能看透别人的人，是有智慧的人；能认清自己的人，才是真正的明白人。能战胜别人的人，说明比别人强点儿；能战胜自己的人，才是真正强大的人。知足的人就是富有的人，不知足的人就是贫穷的人，执行能力强的人是有志向的人，心不离道的人可以长久，身虽死而精神一直流传的人才是真正意义上长寿的人。

"知人者智，自知者明。胜人者有力，自胜者强。"

这是很大的问题，也是普遍存在的问题，人总是看清别人容易，看清自己很难，善于发现别人的问题，不善于发现自己的问题。

认清自己，战胜自己，是人一生最核心关键的问题。战胜自己，就是战胜自己人性的弱点，就是战胜自己的贪婪和自私。人性的弱点就是贪嗔痴慢疑之类，人的一生就是战胜人性弱点的过程。感悟人生，提高觉悟是人的本能。

每个人，都在为理想为梦想去奋斗，路上失败、挫折、痛苦在所难免，失败时、困惑时、痛苦时、迷茫时，深入思考，彻底反省，去寻找问题的根源，找到问题的根源了，解决问题的方法也就自然出现了，那就是连根拔起，一切问题的答案都在你心里，找到了，自然就光明了。

这样不断前进，直到彻底光明醒悟，然后慢慢放下、舍去那些人性的弱点，彻底清除后，就是圆满成功地战胜了人性的弱点，将会拥有无限光明。

然而，这个过程是艰难的痛苦的，但这是必须要走的路，也是唯一的路，一路上，没有谁可以帮你走一步，只能完全靠自己。精诚所至，金石为开，功到自然成。

再次强调，战胜自己，从自私自利到无私利他，从有为有我到无为无我，就是人生命的意义之所在，就是人生最核心的课题。

人生的三个重点：

一、战胜人性弱点，不断超越自我；

二、分析并证明宇宙是一个有机的整体，人是这个整体的一部分；

三、敬仰宇宙创始者，敬畏宇宙大自然的规律，以真理为信仰。

关于真理，真理是特定时间段或特定空间内所形成的客观规律。自己实践总结出来的真理才是真正属于自己的。

真理要多与别人分享，不同的人对相同的真理会产生同频共振。

对于已有的真理，要大胆怀疑，全方位、多角度去验证，通过验证的才是真理，真理不怕被怀疑，真理经得住各种考验，越是反复验证，真理就越有光芒。

一切圣贤的言论，反复推敲验证，只要是真理，就信它、实践它。批判一切伪真理，不假思索地盲目相信就是迷信，要坚决杜绝。

第三十四章

大道泛兮，其可左右。万物恃之以生而不辞，功成不名有。衣养万物而不为主，常无欲，可名于小；万物归焉而不为主，可名为大。以其终不自为大，故能成其大。

解读：宇宙浩瀚无边，能量无处不在，宇宙空间是我们赖以生存的场所，能量因缘俱足时化生了我们，并且滋养着我们生命的全过程。

宇宙给我们提供了生存空间，能量又滋养着我们的生命，但宇宙并没有操控我们，并没有左右我们的行为，我们人的行为始终是自己决定的。

基于人的行为都是我们自己的主观意识决定的，所以，人总是觉得自己最大，宇宙大道对我们的影响很小，当我们充分认识到宇宙大道是我们赖以生存的基础，我们会赞叹它的伟大，它比我们的父母还伟大。

人习惯于认为，自己的努力、自己的劳动成就了自己的生活，这是直观的，实际上基础条件才是最重要的。拿人吃的菜来说，确实是人种植的，然而，在种子生根发芽开花结果的整个过程，那是阳光、空气、水和土壤里的养分共同作用的结果。

换言之，种子生根发芽开花结果的全过程，如果没有土壤、水分、空气、阳光的参与，能行吗？人每时每刻都在呼吸，空气中的氧气，伴随着每个人生命的全过程，人的生命没有氧气能行吗？阳光、空气、水分，还有其他很多看不见的能量，都是人生命的重要基础，离了这些，一切都是空谈，不，连空谈的条件都不够了。

即使当我们充分认识到宇宙的伟大，彻底地臣服于宇宙的怀抱，宇宙大道依然还是那么从容地自然运行着，依然没有操控我们，左右我们。

宇宙大道对人，是不图回报的给予，是无所不在的德泽，正是因为它化生我们，滋养我们，而又不左右我们，使唤我们，有这样无为、无私、无执、大爱的胸襟，才成就了它的伟大！

第三十五章

　　执大象，天下往。往而不害，安平太。乐与饵，过客止。道之出口，淡乎其无味，视之不足见，听之不足闻，用之不足既。

　　解读：谁奉行了大道，天下人就会归附他，人们懂得归附于合于大道的圣人，说明人们知道亲疏，懂得感恩，人们心存善念，这样的集体，大家不但不会互相伤害，还会互相帮助，互相关心，天下自然是和谐太平的。

　　美食和音乐带来的是味觉和听觉感官方面的享受，舒服又直接，很多人都喜欢。

　　宇宙大自然的能量，无色无味，肉眼看不见，耳朵听不到，淡淡的，人们几乎会忽略它的存在。但是，宇宙能量的用途是无限的，是取之不尽、用之不竭的，也是生命活动最重要的。

　　人们应该亲近大道，对外在的物质追求应适可而止。

第三十六章

将欲歙之，必固张之；将欲弱之，必固强之；将欲废之，必固兴之；将欲取之，必固与之。是谓微明。柔弱胜刚强。鱼不可脱于渊，国之利器不可以示人。

解读："将欲歙之，必固张之；将欲弱之，必固强之；将欲废之，必固兴之；将欲取之，必固与之。是谓微明。"

在乡村田园生活，想改善一下伙食，杀只鸡，人们往往是抓一把粮食撒在地上，鸡纷纷围上来吃粮食，人趁其不备轻松抓住其中一个，这是高明、英明的做法。假如，人是直接拿刀追着鸡去砍，那肯定费劲，鸡在生命受到威胁的时候，必然拼命逃窜。

"柔弱胜刚强。鱼不可脱于渊，国之利器不可以示人。"

刚强的东西容易受损、折断，往往寿命短；柔和、柔弱的东西，能很好地保全自己，能长久。所以，从这个角度看，柔弱胜刚强，柔弱点儿比刚强好，柔弱更符合宇宙大道。

鱼必须生活在水里，鱼离开水就会死亡，同样，国家的秘密不可公开展示，一旦公开展示，那就不是秘密了。

第三十七章

道常无为而无不为。侯王若能守之，万物将自化。化而欲作，吾将镇之以无名之朴。无名之朴，夫亦将无欲。不欲以静，天下将自定。

解读：大道是无为之为，无为不是不作为，是不带有私心私欲的作为，是大公无私的作为。也就是，宇宙的能量化生一切，滋养万物生灵，却不左右它们，不使唤它们，不控制它们，可谓大德。

侯王如果能守本、守正，不妄为，不乱为，像宇宙能量这样无为，那天下人都会受感化，淳朴自然，和谐安宁。社会有问题的时候，积极解决问题；社会没问题的时候，不打扰社会的安宁，不制造问题，不胡乱作为。

如果人民内部出现了问题，出现了争端，就从根源上把问题彻底解决，那么人民就会重回淳朴的大道上，人民没有过多的欲求，社会自然就和平稳定了。

比如，人民自发地搞了个运动会，不是侯王主张搞的，完全是人民内部的事。这个运动会大家争夺得非常激烈，产生了恶性群体性的打架斗殴，带来了严重的社会问题，那么，侯王这个时候果断取消这个人民自发搞的运动会，取消了，人民就不会再争了，人心重新回到自然朴素，社会重新回到和谐稳定的状态。

第三十八章

上德不德，是以有德；下德不失德，是以无德。上德无为而无以为，下德为之而有以为。上仁为之而无以为；上义为之而有以为。上礼为之而莫之应，则攘臂而扔之。故失道而后德，失德而后仁，失仁而后义，失义而后礼。夫礼者，忠信之薄而乱之首。前识者，道之华而愚之始。是以大丈夫处其厚，不居其薄；处其实，不居其华。故去彼取此。

解读：上德，做了一件事，不认为自己给予了别人什么，也不图这事给自己带来名利。

下德，做了一件事，不认为自己给予了别人什么，但是图这件事的影响给自己带来的名利。

上仁，为别人做了一件事，但不图任何回报，就是帮别人，就是给予。

上义，为别人做一件事情，心里觉得以后自己有事别人也应该帮自己，或者因为别人曾经帮过自己，才帮别人办事。

上礼，给别人打个招呼，别人回应一个招呼，有来有往，礼尚往来。如果一个人给另一个人打招呼，另一个人没有回应，就会认为此人不懂礼貌，失礼了，很容易引发问题。

德、仁、义、礼，是由内而外的逐级扩散，只有上德才是真正的德，所以，大丈夫应该把内在的上德的修养，当作最重要的东西，上德乃大道之德，是最可贵的东西，抓住这个核心才是明智的人。外在的、表面的，都是离道后的东西。

本章的关键是对上德、下德、上仁、上义、上礼的深入理解，明确这些内在的区别，就好懂了。

现实中，有礼貌的人就会赢得别人的夸赞，守信的人、仁义的人，更是会被广泛认同，甚至是被人竖大拇指，然而，这都不是德。真正的德是上德，是自然流露，是不图回报的给予，极少极少，所以难能可贵。现实中的问题很多，本质上，都是仁、义、礼、信方面的缺失造成的。

拿太阳来说，其能量滋养万物，普照大地，恩泽众生，却从没要求人向它行过礼，从没要求人为它办点儿事，从没告诉人它给人做了什么，它就是那样按照自己的规律运行，在宇宙中释放自己的能量。

就我们人而言，太阳化生我们，滋养我们，而又不左右我们，使唤我们，这是何等的伟大啊！这才是真正的德，太阳之德就是大道之德、宇宙之德，是所有生灵的榜样！

第三十九章

　　昔之得一者：天得一以清，地得一以宁，神得一以灵，谷得一以盈，万物得一以生，侯王得一以为天下正。其致之：天无以清将恐裂；地无以宁将恐废；神无以灵将恐歇；谷无以盈将恐竭；万物无以生将恐灭；侯王无以贵高将恐蹶。故贵以贱为本，高以下为基。是以侯王自谓孤、寡、不谷。此非其以贱为本邪？非乎？故至誉无誉。是故不欲琭琭如玉，珞珞如石。

　　解读：这里的一，指的是无为的境界，守本、守初、守柔、守静，无为而无不为，不妄为，为而不争，为而不持。

　　天空就是要清新，大地就是要安宁，神仙就是要显灵，侯王就是要心念正、处事公，就是要为人民办事。如果天空不清新，天天沙尘暴，人们多不舒服；如果大地不宁静，天天火山爆发，大地震不断，人们生活就不安宁；如果神仙不显灵，那还算是神仙吗？如果侯王心念不正，欺压百姓，弄得民不聊生，那他根本配不上侯王这个称呼，而且离被颠覆也不远了。所以，万事万物都要守本、守正，不能本末倒置了。

　　真正的侯王，内心柔和，公正无私。侯王时常称自己孤独、无助、才少、德薄，这做得不够，那做得不好，这绝不是世俗的所谓的谦虚，所谓的低调，所谓的耍嘴皮，所谓的圆滑，而是内心真正是这么认为的，是真心话，是心口一致的表达。正是因为他有这样的真诚，这样的真心，才能做到真正的公正，加上他没有私心又心存善念，人们才发自内心地服他，称他为侯王。而这样的人确实配得上侯王这个称呼，也只有这样的人才配得上这个称呼。

第四十章

反者道之动，弱者道之用。天下万物生于有，有生于无。

解读："反者道之动。"道之动就是宇宙能量的运动，这个运动是绝对的，每时每刻都在运动，所有的静止都是相对的，运动带来的就是变化。唯物主义哲学认为，世界唯一不变的就是变化，很正确。布朗运动，是悬浮在液体或气体中的微粒所做的永不停息的无规则运动。这个也很正确，而且具体到了微观粒子，由于微观粒子肉眼无法看见，所以宇宙学说统统称它们为能量。生活中，人们也都有感触，社会在变，环境在变，人心在变，人的面容也在变，没有一成不变的事物，归根结底是宇宙能量在运动。

反，可以从两方面理解。一是，能量的运动具有循环性、往返性、周期性。二是，矛盾性、对立性，比如，每过一天，我们的生命就多了一天，然而，每过一天，我们离生命结束就更近了一天，剩下的生命就少了一天。成长就意味着衰老，得到就意味着失去，缘聚就意味着缘散，事物相辅相成，辩证统一。

"弱者道之用。"道之用，就是宇宙空间和能量的用处。

空间上，比如一个杯子，当它什么都没有盛放的时候，它的用途是最多的，可以放水，可以放盐，可以放酒。当它已经盛了东西，就不能做别的用途了。

能量上，能量没有凝结成物质之前的用途是最广泛的，比如一个水分子，它和其他同类分子可以聚合成水，也可以聚合成冰，而一旦它成为水，在物理条件没有改变的情况下就不能成为冰了，一旦成为冰，在物理条件没有改变的情况下就不能成为水了。一块砖头，可以拿它去盖房子，也可以拿它修路、修桥，而一旦拿它盖房子，那它就是房子的一部分，就不是桥的一部分，也不是路的一部分。当这块砖头没有被使用的时候，它的用途是最多的，许多建设都可以用它。

物质没被使用的原始状态，如杯子是空空的时候，就是弱的状态。

我们用不同的名称表示肉眼可以看见的万物，既然给它取了名字，前提就是先有了这个东西，而这个东西是看不见的能量转化而来的，因为能量的状态是看不见摸不着的，所以《道德经》里用无来表示，这个无不是没有，是实有，是真有，真正的没有是不可能生出有的。

《道德经》的有无相生，还有佛学的色即是空、空即是色，从物质和能量角度看，都是在阐述物质和能量的转化关系，有、色代表物质，无、空代表能量。下面笔者运用现代科学，简单、明了、清晰地解释有无相生和色即是空、空即是色。

就物质和能量两者而言，物质由能量组成，一定是先有能量后有物质，不会是先有物质后有能量。比如，用砖头盖的房子，一定是先有砖头后有房子，不会是先有房子后有砖头，也可以说，一定是先有钢筋水泥后有高楼大厦，不会是先有高楼大厦后有钢筋水泥。

就物质和能量而言，世界的本质不是物质，而是能量、无、空，从这个角度看，能量、无、空三者是完全相同的。能量、无、空三者不是没有，而是真实地有，只是肉眼看不见而已。

再次强调，笔者区分物质和能量，是以能否肉眼可见为标准，这和现代物理学有区别。单个分子，人肉眼是看不见的，然而物理学说分子是构成物质的基本单位，属于物质，而笔者认为，单个分子就是能量了，因为肉眼看不见。这样区分，一是为了简单明了，二是和古人保持一致，因为古代是没有科学仪器的，单个分子根本看不见摸不着。

人生的修行分为两个方面，内在心灵意识的提升，和外在物质能量宇宙一体的推理证明。本章可以解释物质能量宇宙一体，基于物质的本质是能量，那就借助物理学能量守恒定律来解释比较恰当。

能量守恒定律：能量既不会凭空产生，也不会凭空消失，它只能从一种形式转化为其他形式，或者从一个物体转移到另一个物体，在转化或转移的过程中，能量的总量不变。

初状态各种能量的总和等于末状态各种能量的总和，增加的那些能量的增加量等于减少的那些能量的减少量。

能量就是道家的无，能量就是佛学的空，所以就有佛家的万物皆空和道家的有生于无。从能量的角度看，佛家的不生不灭，不增不减，就是物理学的能量守恒定律，完全是一样的意思。宇宙空间内总能量是个恒定的常数，是永远不变的。

人生修行的两个方面的其中之一，就是对物质和能量的认识，推理、证明宇宙是一个有机的整体，就这个问题，上面已经简单、清晰、明确、完整地作了解释，明确了这些，物质和能量世界的事就完全通透了。

第四十一章

上士闻道，勤而行之；中士闻道，若存若亡；下士闻道，大笑之。不笑不足以为道。故建言有之：明道若昧，进道若退，夷道若纇。上德若谷，大白若辱，广德若不足，建德若偷，质真若渝，大方无隅，大器晚成，大音希声，大象无形，道隐无名。夫唯道，善贷且成。

解读："上士闻道，勤而行之；中士闻道，若存若亡；下士闻道，大笑之。不笑不足以为道。"

悟性好的人，听到自然质朴的宇宙大道后，会亲近大道，融入大道；悟性一般的人，听到自然质朴的大道后，好像认同又好像不认同，犹豫不决，不确定；悟性差的人，听到宇宙大道后会疯狂嘲笑。这就是道，因为悟性差的人是根本不会理解的，悟性越好的人越容易理解领悟宇宙大道的真义。

"故建言有之：明道若昧，进道若退，夷道若纇。上德若谷，大白若辱，广德若不足，建德若偷，质真若渝，大方无隅，大器晚成，大音希声，大象无形，道隐无名。夫唯道，善贷且成。"

《道德经》里还有一句话，"为学日益，为道日损"，意思就是学习是做加法的过程，越学懂得越多，越学越有学问，越学越厉害。悟道正好相反，是做减法的过程，越来越简单，越来越质朴，越来越自然，越来越不厉害。所以就有了明若昧，进若退，夷若颣，德若谷，白若辱等等。

宇宙能量看不见摸不着，却在无声无息地化育万物，滋养万物，世间所有的事物都是它成就的。

第四十二章

道生一，一生二，二生三，三生万物。万物负阴而抱阳，冲气以为和。人之所恶，唯孤、寡、不谷，而王公以为称。故物或损之而益，或益之而损。人之所教，我亦教之。强梁者不得其死，吾将以为教父。

解读："道生一，一生二，二生三，三生万物。"

宇宙能量化生了万物，笔者认为，此一指的是能量，二和三指的是物质和意识，它们三者相互作用产生了万物生灵。

也可以更简单化地处理，这句意思就是道生万物，这里可能是，道生一，一生二，二生三，三生四，四生五，连续地直到万的这个过程。

"万物负阴而抱阳，冲气以为和。"此气就是能量，万物生灵吸收新的能量，排除旧的能量，体内的能量始终保持着平衡平和的状态。

"故物或损之而益，或益之而损。"韭菜长得不好的时候，你拿刀把它割了，再长出来往往比之前旺一些。人也一样，挫折多了、失败多了、打击多了，人经受磨炼后会更强大，回过头看看，经受那些挫折反而是好事。

你想让小青苗长快一些，给它施了过多的化肥，结果把小苗催死了，还有古代的拔苗助长也是这个道理，益之而损。

"强梁者不得其死，吾将以为教父。"宇宙大道是随和的、柔弱的、平静的、质朴的，过于刚强、骄横容易折断、受损、短命，不能长久，因为它不合道。老子把这句话当成了他人生的座右铭，时刻警示自己。

第四十三章

天下之至柔，驰骋天下之至坚。无有入无间，吾是以知无为之有益。不言之教，无为之益，天下希及之。

解读："天下之至柔，驰骋天下之至坚。"

空气非常柔和，人几乎感觉不到它的存在，然而它却无处不在，无论多坚硬的东西，但凡有一点儿空隙，就有它的存在。

"不言之教。"教育别人，再好的言语都不如身体力行的实际行动，通过自己的行为，给别人做个示范，才能更好地引导别人。

"无为之益。"顺应自然规律，顺势而为，你在流动的河里游泳，顺着流水的方向游，非常轻松省力，甚至根本不用力，完全借助水的流动力量就足够了。

"不言之教，无为之益"，深刻体会到并且切实做到的人很少很少。

第四十四章

名与身孰亲？身与货孰多？得与亡孰病？是故甚爱必大费，多藏必厚亡。知足不辱，知止不殆，可以长久。

解读：外在的物质和虚名带来的面子，都没有自己的身体和内在的精神修养重要，将外在的得失看淡一些，内心的充实才是最重要的。

贪欲膨胀，必然会带来更大的消耗，更大的损失，被查的贪官，都是因为贪欲膨胀，最终害了自己。"多藏必厚亡"，两千多年前的那个时代，如果谁家里有很多金银珠宝，那就危险了，许多小偷和强盗都会惦记着，最终可能东西被别人抢走，人也被别人残害。

过于执着于物质追求会让人迷惘，会让人身心疲惫，内在的精神追求才是最重要的，而且，物质有多少都会散去，精神上一旦提升就是永远的拥有，不会逝去。

第四十五章

大成若缺，其用不弊。大盈若冲，其用不穷。大直若屈，大巧若拙，大辩若讷。静胜躁，寒胜热。清静为天下正。

解读：大道的完美好像有欠缺，但它的作用是三百六十度无死角的；大道的充实好像很空虚，但其能量是无穷无尽的。大道的直好像是弯曲的，大道的灵巧好像很笨拙，大道的善辩好像很不善言辞。躁和热是不合道的，是不能长久的，清净才是正道。

宇宙大道是柔和的、清净的、细微的、质朴的、简单的，而我们人喜欢刚强，喜欢喧嚣热闹，喜欢夸大自己，喜欢要更多的物质，喜欢复杂的套路。

大道至简，人心复杂，我们的心和大道正好相反，守本、守正、守柔、清净无为才符合天道。

第四十六章

天下有道，却走马以粪；天下无道，戎马生于郊。罪莫大于可欲，祸莫大于不知足，咎莫大于欲得。故知足之足，常足矣。

解读：天下太平的时候，连战马都可以还田耕种；兵荒马乱打仗的时候，战马只能在战场的恶劣环境生产。祸害莫大于不懂得自我满足，罪过莫大于无止境的欲望。所以，懂得自我满足，才是真正的富足。

"二战"时，日本人狼子野心，想要别国的资源，想占有他国的领土，发动了各种非正义的侵略战争，给人类造成了严重的伤亡，给世界人民带来了深重的灾难。日本人滔天的罪恶来自贪婪无止境的欲望和不知足的丑恶嘴脸。

第四十七章

不出户，知天下；不窥牖，见天道。其出弥远，其知弥少。是以圣人不行而知，不见而名，不为而成。

解读：圣人是无为的状态，无为是宇宙大道的状态，圣人不仅早已看透世俗功名利禄方面的外在物质名利追求，而且已经超然物外，只注重内在的充实。圣人内心平和、守柔、守正、清净、质朴，看世间万事万物都是通透的，早已精通事物内在的推理演化过程。

具体的，每天早高峰，路上车辆拥挤，那是人们为了生存、为了事业而去工作，用得着出门挨个问问吗？天道规律，需要观察，需要思考，需要总结，最后内心领悟，仅仅用眼睛看，是看不出来内在规律的。你听说隔壁村昨天新生了一个婴儿，你立即就知道那村有一位产妇，还用去问吗？而且你还会知道，很快隔壁村会有一场喜宴。这些不用问就明白，不用实际验证就知道。这些是常人都能懂的，常识性的东西，圣人也懂，而且圣人更厉害，他们精通事物内在的规律，只是他们超然物外了。

圣人简单，柔和，质朴。

那种简单，不是未经世事的简单，而是经历过复杂的人生历练的简单；不是不明事理真相的简单，而是经过许多次对事物复杂演化过程的分析，看透了本质的简单。

那种柔和，不是水本身的那种质软，而是经过许多争强好胜、锋芒毕露，受损、受挫之后的选择。

那种质朴，不是天然的朴素，而是也曾爱慕虚荣，也曾追求华丽，也曾想名利双收。后来发现那些东西带来的快乐很有限，带来的痛苦和困惑反而更多，内心不但不充实，反而越来越浮躁。慢慢地醒悟了，发现外在的东西没有那么重要，内心的充实才是最重要的，最后完全只注重内在的修养，回归了宇宙大自然，回归了大道。

大道至简，这个简不是单纯的简单，而是非常不简单，这个简，是经过复杂的过程的，是经过百般历练的，是饱经人生风雨的，是看透复杂事物本质的，是经历过许多迷茫的，是多少次困惑考验后的经验总结、精华提取、化繁为简。

从简单到复杂，又从复杂到简单，这就是人生的过程，也是人心的成长之路，每个人都一样，这是宇宙人生的客观规律。经历过复杂过程后的简单，才会真正领悟宇宙大自然的奥妙，才能更好地融入宇宙大自然的怀抱。

复杂的那段路，太多的曲折，太多的迷惘，太多的困惑，你会感到很累，你会想解脱，你会有抱怨。然而，每个人都一样要走这一段，宇宙人生中，人的心路历程规律，是自然真理，是客观的存在，每个人都是一样在面对，没有例外的。

心路历程考验的是一个人的悟性，此悟性不可言说，语言文字无法准确表达出它的真义，只可意会，用心体会。

上天有好生之德，创造你的生命，全程滋养你的生命，人生中所有的路都为让你成长，所有的经历都为让你更优秀。

第四十八章

为学日益，为道日损。损之又损，以至于无为，无为而无不为。取天下常以无事，及其有事，不足以取天下。

解读：学习是做加法、做乘法的过程，越学聪明才智就越多，越学越厉害。悟道是做减法、做除法的过程，越来越简单，越来越不厉害，最终完全地清空了，得道后进入了无为的状态。

无为不是不作为，无为是一种特殊的作为，无为是不带有私心私欲的，是不为自己的，是为他人的、为社会的，是顺应天道的、顺应大趋势的、符合大众需要的作为。

以无为的状态处理天下事务，会得人心，如果以自我为中心，用有为的心治理天下，很难得人心。

无为而治就是，不为自己，没有自己的私心杂念，社会需要什么就做什么，人们需要什么就做什么，这种作为所有人都喜欢。

有为而治就是，自己想推行一些政策，但这并不是社会的实际需要，也不是人们的需要，只是想通过推行自己的政策得到一些功名。这样的有为，不符合人们的实际需要，甚至会给人们带来痛苦，所以，很难得人心。

第四十九章

圣人无常心，以百姓心为心。善者吾善之，不善者吾亦善之，德善；信者吾信之，不信者吾亦信之，德信。圣人在天下，歙歙焉，为天下浑其心。百姓皆注其耳目焉，圣人皆孩之。

解读：圣人无私心，也没有固定不变的想法，百姓心里想什么，它就千方百计地想什么。

和主流思想行为一致的人，圣人善待他们，少数和主流思想行为不一致的人，圣人也一样善待他们，圣人善待每一个人，这样人人都会善待圣人、拥护圣人。

认知能力好，有真知正见的人，圣人信任他，认知差的人，圣人也一样信任他，圣人信任每一个人，这样人人都会信任圣人，自然就得了天下人的心。

圣人在天下，以无我无私的境界，设身处地地为人民着想，尽心尽力地为人民办事，不肆意妄为，不役使人民，不压迫人民，不剥削人民。百姓都过着悠闲自得的生活，圣人对百姓，就像对待自己的孩子一样。

《汉书·循吏传》载，西汉元帝时，南阳郡（治所在宛，今河南南阳市）太守召信臣，字翁卿，九江寿春人。"其治视民如子"，劝民农桑，去末归本，为政勤勉有计谋，"好为民兴利"，尽力使百姓富起来。他亲自指导农耕，常出入于田间，住宿在民家，很少有安闲的时候。他在辖区内巡视河流水源，主持开通沟渠，竖起水门堤闸数十处，使能够得到灌溉的土地年年增加，"多至三万顷"。"民得其利，蓄积有余"。他还为百姓制定了用水规则，"刻石立于田畔，以防分争"。禁止婚丧奢侈浪费，致力于推行节俭。发现下属官吏有放任其子弟游手好闲和不把耕作视为本职事务者，当即斥之，甚至罢官，严重的绳之以法。因此，郡辖各级官吏都十分重视农业，"百姓归之，户口增倍，盗贼狱讼衰止"。"吏民亲爱信臣"，尊他为"召父"。

说来也巧，时隔不足百年，至东汉光武帝刘秀建武七年（公元31年），南阳郡百姓又幸运地遇新任太守杜诗。《后汉书·杜诗传》载，杜诗，字君公，河内汲（今河南卫辉市）人，少有才能，担任郡功曹时，爱民如子，事事替百姓做主。升任太守后，"诛暴立威"，"性节俭而政治清平"，爱民罢役，造作水排（水力鼓风器，用以炼铁），铸造农具，便于耕稼。又修筑池塘，开通沟渎，广垦农田，全郡百姓家家粮丰衣足。百姓拿他与以前的召信臣相比，说"前有召父，后有杜母"。自此"父母官"这一尊称才广传后世。"召父杜母"为地方官树立了楷模，他们的政绩成了百姓衡量清官的标准。此后，"父母官"也就代不乏人。

圣人像对待孩子一样对待人民，人民就会像尊重父母一样尊重这样有德的圣人。

第五十章

出生入死。生之徒，十有三；死之徒，十有三；人之生，动之死地，亦十有三。夫何故？以其生生之厚。盖闻善摄生者，路行不遇兕虎，入军不被甲兵；兕无所投其角，虎无所措其爪，兵无所容其刃。夫何故？以其无死地。

解读："出生入死。生之徒，十有三；死之徒，十有三；人之生，动之死地，亦十有三。夫何故？以其生生之厚。"

出生的那一刻，就意味着以后必定有死亡的时候，这是注定了的。人有十分之三能寿终正寝，十分之三意外夭亡，还有十分之三是自己作死把自己害死的。这是什么原因呢？是因为这类人违背了自然规律，过于享受奢靡，过于消耗自己，过于贪婪好强。

德国哲学家马丁·海德格尔在其《存在论》中提出了一个向死而生的概念，这实际上就是出生入死的意思，老子在2000多年前就已经提出了出生入死这个概念。显然，哲学上，古代中国遥遥领先全世界。

"盖闻善摄生者，路行不遇兕虎，入军不被甲兵；兕无所投其角，虎无所措其爪，兵无所容其刃。夫何故？以其无死地。"

　　据说善于护持生命的人，在山地行走不会遇到犀牛和老虎，在战争中也不会被武器所伤。犀牛对这样的人无处用角，老虎对这样的人无从用爪，兵器对这样的人也没法亮出锋刃。这是什么原因？这是因为这样的人懂得顺应自然，顺应规律，顺应天道，不会使自己陷入被动之地，不会使自己进入死亡之地。

　　社会发展到今天，整体上人类的物质生活和精神追求都是在进步的，现在自己作死的人没有古代十分之三那么多了，但是道理是一样的，那就是有一部分人就是自己作死导致生命过早地结束，就是自己害自己。

第五十一章

道生之，德畜之，物形之，势成之，是以万物莫不尊道而贵德。道之尊，德之贵，夫莫之命而常自然。故道生之，德畜之，长之育之，亭之毒之，养之覆之。生而不有，为而不恃，长而不宰，是谓玄德。

解读："道生之，德畜之，物形之，势成之，是以万物莫不尊道而贵德。"

宇宙能量化生万物，滋养万物，成就万物，宇宙能量就是万物生灵的父母啊，宇宙能量是最尊贵的存在。

"道之尊，德之贵，夫莫之命而常自然。故道生之，德畜之，长之育之，亭之毒之，养之覆之。生而不有，为而不恃，长而不宰，是谓玄德。"

宇宙能量虽然尊贵无比，化生了万物，滋养着万物，但是它并没有动不动对万物生灵发号施令，役使万物，左右万物，而是看着万物自由自在自然地生长。

这种化生却不据为己有，成就却不恃为己能，滋养生长却不宰杀为己所用，宇宙能量无我之德、无私之德，深邃玄妙，无上高贵。

大道之德，即是宇宙能量之德，能量化生万物，滋养万物，恩泽全宇宙。

德，是自然流露，是无私奉献，是大爱无疆的恩典，是不图回报的给予。

第五十二章

天下有始，以为天下母。既得其母，以知其子；既知其子，复守其母，没身不殆。塞其兑，闭其门，终身不勤；开其兑，济其事，终身不救。见小曰明，守柔曰强。用其光，复归其明，无遗身殃，是为袭常。

解读：事物的开始，事物的来源，那就是事物的本质。明确了事物的本质，事物的各种现象你会非常明白，即使非常明白事物的各种现象，也要牢牢抓住事物的本质，这样无论事物怎么变化，都能看得通透。

就宇宙而言，最初是能量，后面产生了物质和意识，万物生灵，本质就是能量，而能量是柔和的、无为的。

人如果像宇宙大道那样，守本、守柔、守正，无私、无欲、无为，淡泊对外在事物的追求，关闭心中之贪念，就是逍遥自在的。

人如果执迷于追求物质的占有，贪婪无止境，那就终生在苦海中沉沦而无药可救。

事物细微之处的奥妙都能看得清清楚楚，才是真正的明白人；能够守住内心的柔和、平静，才是真正的强大。

弄清楚事物的发展规律，又明确事物的本质，就是通透地掌握了事物，这样就能充分利用事物对自己有利的一面，就可以很好地避开事物对自己不利的一面，这就是善于利用规律。

第五十三章

使我介然有知，行于大道，唯施是畏。大道甚夷，而民好径。朝甚除，田甚芜，仓甚虚，服文彩，带利剑，厌饮食，财货有余，是为盗夸。非道也哉！

解读：执政者但凡有一点儿智慧良知，就会遵循大道的规律，政令颁布实施都会小心翼翼，小心翼翼是怕偏离了大道，偏离大道肯定达不到好的效果，甚至会给人们带来痛苦。

大道的原则很好把握，也很好做到，而且按照大道行事对人民是有利的，人民会非常欢迎，所以，符合大道的政令推行没有阻力。说起来容易，实际中很少是这样，人心喜欢取巧走捷径，喜欢耍小聪明，政令颁布实施往往脱离实际情况。

一方面是朝政败坏，农田荒芜，仓廪空虚，百姓穷困潦倒；另一方面却是统治者穿着华丽的衣服，佩戴着名贵的宝剑，美味佳肴吃得生厌，搜刮占有人民的财货去浪费。这实在是强盗式的统治者，这是不合于道的啊！

天下事，常成于俭而败于奢。官家奢侈就是从人民的劳动成果中盗取安乐而已，而夺天下之公利徇一己之私利，是谓国贼。官者，民之源，源清则流清，源浊则流浊。

"朱门酒肉臭，路有冻死骨。"出自唐代杜甫的《自京赴奉先县咏怀五百字》，意为统治者贵族家里酒肉多得吃不完而腐臭，穷人们却在街头因冻饿而死。

诗人描写社会上严重的贫富分化，反映了统治者醉生梦死的奢侈生活与黎民百姓饥寒交迫的残酷现实，以巨大的反差写出诗人对荒淫无道的统治者的愤懑，流露出诗人对底层人民疾苦的同情。

第五十四章

　　善建者不拔，善抱者不脱，子孙以祭祀不辍。修之于身，其德乃真；修之于家，其德乃余；修之于乡，其德乃长；修之于邦，其德乃丰；修之于天下，其德乃普。故以身观身，以家观家，以乡观乡，以邦观邦，以天下观天下。吾何以知天下然哉？以此。

　　解读："善建者不拔，善抱者不脱，子孙以祭祀不辍。修之于身，其德乃真；修之于家，其德乃余；修之于乡，其德乃长；修之于邦，其德乃丰；修之于天下，其德乃普。"

　　人如果遵循宇宙大自然的规律，善于合道而为，守本、守柔、守静，生之蓄之，生而不有，为而不恃，长而不宰，这种大道精神，处处都能流露出德。在个人、家庭，在家乡、国家、天下，无论在哪儿，所到之处都会永续发展、福泽绵长。

　　"以身观身，以家观家，以乡观乡，以邦观邦，以天下观天下。吾何以知天下然哉？以此。"

　　以道德在人身上的流露看一个人，以道德在家庭的流露看一个家庭，以道德在乡的流露看一个乡，以道德在国家的流露看一个国家，以道德在天下的流露看天下的现状，一切是非好坏的情况都一目了然，老子就是拿道德水平来衡量天下事物的。

有一个故事：道格拉斯帮林肯拿帽子。

1861年3月4日，林肯在白宫东门口发表总统就职演说。当他缓慢地走上演讲台时，台下人头攒动，掌声四起，人们向他表示热烈的欢迎。

然而，事先没有预料到的一个细节却让林肯有些局促，甚至是无比尴尬：演讲台上没有桌子，让他不知道该把手杖和硕大的帽子放在哪里才好。他向四周望了望，终于看到一处栅栏，便将手杖挂在上面，而帽子呢，栅栏太高，挂不上去。放在地上吧，显然不合适；戴着吧，他也不能这么做，面对全国民众演讲，脱帽是必须的礼仪。

正在他尴尬之际，联邦议员道格拉斯走上前来，伸手接过林肯的帽子，捧在手里，直到所有仪式都结束了，林肯友好地向道格拉斯点头示意，道格拉斯才把帽子递了回去。其实，道格拉斯与林肯从年轻时就有许多恩怨纠葛。

道格拉斯出身名门，年轻时就是美国政坛的一颗明星，而林肯出身贫寒，两人同在春田市时，都曾追求过玛丽，玛丽最终成了林肯的夫人，道格拉斯为此一直耿耿于怀。两个人的政见分歧也很大，特别是在对待美国黑奴问题上，更是针锋相对，互不相让。道格拉斯代表民主党跟代表共和党的林肯竞选国会议员时，林肯向道格拉斯发起论战邀约，两人就在伊利诺伊州针锋相对开展多次辩论。一年前，两人又分别作为两党的总统候选人展开激烈角逐。竞选议员，道格拉斯胜出；竞选总统，林肯获胜。而道格拉斯虽败犹荣，因为他的失败是由于民主党的分裂，林肯只以微弱的优势胜出。

道格拉斯有很多理由不服气，甚至可以看林肯当众出丑，发泄一下心中的积怨。然而，他选择了伸出援手。举手之间，彰显了道格拉斯的修养和气度，每个人的理念、见解可以不同，但是气度和修养却是超越一切纷争的人生境界。

道德修养是一个人的根本，最能体现一个人的层次。

第五十五章

含德之厚，比于赤子。蜂虿虺蛇不螫，猛兽不据，攫鸟不搏。骨弱筋柔而握固，未知牝牡之合而朘作，精之至也。终日号而不嗄，和之至也。知和曰常，知常曰明，益生曰祥，心使气曰强。物壮则老，谓之不道，不道早已。

解读：这里描述的是人与宇宙自然规律融为一体的那种状态，具体就是，正气一身，精气充足，元气满满。在这种状态下，无论是哪个年龄段的人，都如同初生婴儿那样自然纯真。

老子在这里描述了人最好的那种状态，目的是让人内心柔和，顺应自然规律，这样才是合道的，才是最好的养生，生命才能更长久。违背自然规律，内心浮躁，气息僵硬，过度地消耗自己，就会让自己更早地走向消亡。

养生的关键就是守正、守本、守柔，顺应自然规律，使自己处于正气一身、精气充足、元气满满、心平气和的状态。

第五十六章

知者不言，言者不知。塞其兑，闭其门，挫其锐，解其纷，和其光，同其尘，是谓玄同。故不可得而亲，不可得而疏；不可得而利，不可得而害；不可得而贵，不可得而贱。故为天下贵。

解读：天地无言，明白宇宙大道的智者，不用语言去教导别人、引导别人，行为、行动才是最好的引导示范，用过多的语言去引导别人的人，是因为他还没有完全明白宇宙大道。

塞住了自己的贪心，关闭了自己的欲望，没有了争强好胜的锐气，内心消解了世间的各种纷争，收敛了自己所有的虚荣心，完美地和尘世融为一体。

超越了亲疏，超越了利害，超越了贵贱，来到了无亲无疏、无利无害、无贵无贱的思想境界，这是从二元对立思想或多元分立思想，来到了一元无区分思想的至高境界，可贵，可赞，可敬。

为何思想达到一元思想的人是可贵的呢？那是因为这样的人太少太少了。为何这样的人可赞、可敬呢？那是因为古今中外历史上，达到这样思想境界的人，会自然流露出无私的大爱，会对世人充满着悲悯之心，会以慈悲为怀，会德济天下苍生，会想方设法地做一些对他人、对社会、对天下有利的事情。

从有私、有我，到无私、无我，这是思想由低到高的过程，是精神升华的过程，是生命真理真相的一部分。这种成功是一个人最大的成功，这样的人是世上最可贵的人，这样的事是世间最美好的事。

说起来很简单，很容易，大家也都明白。但是从有我到无我，这个过程太难了，难就难在世人有贪嗔痴慢疑之心，难就难在世人乐于追求名利。破除这些是艰难的，是痛苦的，是残忍的，是反人性的，每当想到这些，心里都有莫名的伤感。

然而，这是宇宙法则，是天道规律，是客观真理，每个人都一样要面对，真的很无奈。

从有我到无我，从有私到无私，从贪婪到无欲，这个心路历程是一个人的独行，没有谁可以帮你走一步，只能完全靠自己。

但，每个人都有成功的天赋，要相信自己，精诚所至，金石为开，功到自然成。加油努力，尽心尽力，每天进步一点儿，离成功就近了一点儿。

第五十七章

　　以正治国，以奇用兵，以无事取天下。吾何以知其然哉？以此：天下多忌讳，而民弥贫；民多利器，国家滋昏；人多伎巧，奇物滋起；法令滋彰，盗贼多有。故圣人云：我无为而民自化，我好静而民自正，我无事而民自富，我无欲而民自朴。

　　解读：无为而治，是正确的治国方法，也是最好的治国方法。前面说了好多次了，无为不是不作为，而是不妄为，为人民的需要而为，为社会的需要而为，不是为自己的一己私利而为。无为，民风自然淳朴，社会自然和谐稳定。

　　用兵讲究出其不意，出奇制胜，这和治国是完全相反的，不能采取兵法的思想来治理国家。治理国家要用无为而治的思想，要坦坦荡荡，要不存私心，要大公无私，不能有敌对思想，不能有胜败想法。

第五十八章

其政闷闷，其民淳淳；其政察察，其民缺缺。祸兮，福之所倚；福兮，祸之所伏。孰知其极？其无正？正复为奇，善复为妖。人之迷，其日固久。是以圣人方而不割，廉而不刿，直而不肆，光而不耀。

解读："其政闷闷，其民淳淳；其政察察，其民缺缺。"

这里依然是讲无为而治的好处，无为而治有利于人民，有为而治对人民不利。

"祸兮，福之所倚；福兮，祸之所伏。"

福和祸两者，很多时候，福就是福，是好的；祸就是祸，是不好的。然而，这事不能绝对，站在事物发展运动的角度看，少数情况下，福可能是坏事，祸可能是好事。比如，某个人中彩票了，大吃大喝，各种挥霍，最后钱花完了还借着钱花，因为习惯难改变，最终导致负债累累，生活还不如没有中彩票之前，这样的事现实中很多。再比如，你因贪心被骗子骗了，这当然是坏事，然而，经过这个事你看透了很多，想明白了很多，不再贪心了，后面就再也不会上当了，回头看看，那次被骗反而是好事，生活中许多人都领悟到了这个道理。

"孰知其极？其无正？"

事物的是非好坏没有个绝对的标准，没有人说得清楚。

"正复为奇，善复为妖。人之迷，其日固久。是以圣人方而不割，廉而不刿，直而不肆，光而不耀。"

就正、善而言，你心很正的时候的一句真话，可能别人不愿意听，听了会恨你。有时候你的一句真话，会刺破别人用心编织的美梦，别人会把你当仇人，这就是忠言逆耳的道理。你看到别人走了错误的路，好心好意地提醒，也许别人会以为你是怕他成功，以为你心怀不轨呢，这样的情况太多了。

正、善为什么有时候会面对这些尴尬呢？原因在于，人们喜欢幻想，喜欢妄想，喜欢虚假的美好。许多人活在颠倒梦幻之中，这是迷途，人性的特点是喜欢虚的，一直都是这样，而正、善属于求真务实的正道，两者正好相反。

看透了这些人和事的圣人，不会轻易出言的，不会轻易说真话的，不会轻易显现的，因为在不恰当的时机，说了一些话，做了一些事，可能达不到好的效果，甚至有可能发生不好的事情。

公元前99年，李陵投降匈奴的消息传回长安，汉武帝极为愤怒，大臣们吓得都不停地责骂李陵，只有司马迁认为李陵不是真心降敌，早晚还会找机会回报汉朝。

汉武帝更加愤怒，他认为司马迁是为李陵说情，于是就把司马迁投入监牢，罪名是"诬罔"。"诬罔"是大不敬的罪名，按律当斩。

按照当时的法律，司马迁有三个选择：一个是接受被斩杀的命运，还有一个就是拿钱赎罪，第三个就是以腐刑代替斩杀。

此时司马迁的《史记》还没有写完，他曾经向父亲承诺，一定要把《史记》撰写完成。此时面对极刑，司马迁知道自己不能死，但是他家中并不富裕，一时拿不出那么多钱来赎罪，百般无奈之下，司马迁决定接受腐刑，以保住性命完成巨著。

虽然说真话有风险，但是大家还是要积极说真话的，这是正道，只是说真话需要智慧。

第五十九章

治人事天，莫若啬。夫唯啬，是谓早服，早服谓之重积德；重积德则无不克；无不克则莫知其极；莫知其极，可以有国；有国之母，可以长久。是谓深根固柢，长生久视之道。

解读：本章的关键是三个字——重积德，重积德的前提条件是要有德，要达到精神上的无为境界。无为境界就是，不会把心思和精力花在有为上，也不会坠入自我的精神内耗。无为境界就是，把精力全部放在为他人、为社会上，想人民之所想，思人民之所思，体人民之所难，察人民之所求。无为境界就是，守本守正，保持充沛的精力，积蓄充足的力量，为行无为之事做好充足的能量储备。

这里再次强调，无为不是不作为，它是一种超越自我私心私欲的大作为，是为他人的需要、为社会的需要而为。拥有无为境界的人，不是能量小，而是能量特别大，比一般人大得多，只是这样能量大的人，他守本守正，不妄为，不乱为，他是顺应自然规律而为，是顺应大趋势而为，是顺应人民大众的需要而为，所以，他的能量看起来不大。

有这种巨大的无为能量，外在表现就是德自然流露，就是为社会的需要、为他人的需要而作为，这样的人是所有人都欢迎的，是难得可贵的人。

具体来说重积德的好处和它所达到的效果。比如，你在你的朋友圈子里，你为他们做过很多事，在他们需要的时候帮助过他们很多，那么你就有地位，他们就会发自内心地尊重你。当他们几个有分歧、有矛盾的时候，你去调解，你去说句话，都是好用的，他们会听。假如是几个很一般的朋友，你没有为他们做过什么，人家几个有事，你说话根本不好使，即便你说的再对，人家也不会把你说的当回事。

宇宙大道自然流露出的就是德，化生万物，滋养万物，重在给予。重积德就是顺应天道规律，给予他人，帮助他人，小到你的身边环境，大到社会、国家，只要你有德，就会受人尊敬。德的好处非常多，也很玄妙，不可言表，说得越多离道越远，慢慢去感悟吧。

第六十章

治大国，若烹小鲜。以道莅天下，其鬼不神；非其鬼不神，其神不伤人；非其神不伤人，圣人亦不伤人。夫两不相伤，故德交归焉。

解读：治理大国就像烹调美味的小菜一样，不宜翻来覆去，古人下锅烹煎小鱼儿不能老翻动，否则小鱼儿就全弄碎了。

这章还是在讲无为而治，根据实际需要而为，不妄为，不乱为，不要动辄扰民，更不要乱折腾，乱为妄为可能会造成社会的动荡不安。

这里的鬼神，指的是社会上一些妖异的现象，是人为造成的，不是真正的鬼神。

有道的圣人治理天下，对于社会上出现的各种异常现象，都会看得很通透，因为圣人守本守正，而妖异现象是邪的，邪在正面前是不灵的。

对于异常现象，如果产生大的不好的影响，就从根源上消灭它；如果异常现象并没有产生不好的影响，可以不去管它；如果异常现象产生了好的社会影响，可以加以利用，这是最好的处理方法。

异常现象的背后，是人为造成的，多半不是以伤人害人为目的，而是为了名利，所以，它本身不伤人。而治理天下的圣人，更是不伤害人民的，是为人民的，是有利于人民的。

所以，有道的圣人，会很好地处理各种社会妖异现象，把不利于人民的排除，把有利于人民的保留，这是很高明巧妙的处理方法，有利于社会的和平稳定。

第六十一章

大国者下流，天下之交，天下之牝。牝常以静胜牡，以静为下。故大国以下小国，则取小国；小国以下大国，则取大国。故或下以取，或下而取。大国不过欲兼畜人，小国不过欲入事人。夫两者各得其所欲，大者宜为下。

解读：老子是悟透了天道，站在宇宙大道的格局看世界，希望天下和平稳定，希望国与国和谐相处，希望人民安居乐业，不希望看到战争，不希望看到伤亡，不希望看到大国欺负小国。

就大国和小国的关系而言，主要取决于大国，因为大国国力强，小国国力弱，大国的主动权更大。老子的理想，需要大国有大国的担当，大国有大国的胸襟，大国有海纳百川的大度。这个思想可以称它为王道思想，符合天道规律，是高尚的。中华民族历来都是秉持王道思想，遵循天道规律，以和为贵。

天道以和为贵，而人道不是的，人道中有一种生存法则叫弱肉强食。人道中，国与国的关系主要是大国欺负小国，甚至大国吞并小国，大国在小国面前嚣张横行，这种行为方式称之为霸道。

在王道和霸道之间，王道是符合天道的，霸道是违背天道的，人类社会需要王道。只是人性的贪婪和自私，导致世界一直是霸道在主导，王道一直处于被动。

王道的兴起，必须是以和为贵的天道之心，和对付野蛮霸道的压倒性之力，同时具有。显然，王道和霸道之间，王道的要求更高，既需要契合天道的思想境界，又需要有压倒性的武力优势。中华民族的王道思想，是顺应宇宙大道规律的，是正道，为实现人类和平，中华民族一直在努力，并将继续努力。

顺应宇宙大道，按王道方式妥善处理好社会问题的人，就是王者，王者是处理问题，不是制造问题。王者内心强大，自己吸取了宇宙能量，悟透了宇宙真理，顺应了宇宙规律；王者手段的强大，是现实的需要，不是自己的需要。王者既有菩萨心肠，又有霹雳手段；王者无为无私，不为功名利禄左右。

第六十二章

　　道者万物之奥，善人之宝，不善人之所保。美言可以市尊，美行可以加人。人之不善，何弃之有？故立天子，置三公，虽有拱璧以先驷马，不如坐进此道。古之所以贵此道者何？不曰：求以得，有罪以免邪？故为天下贵。

　　解读：本章讲的是宇宙大道自然流露出来的德之可贵，德之奥妙。

　　遵循宇宙大道会自然流露出珍贵的德，这个德是自然流露，而不是刻意做作。遵循大道的人，就是善人；尚未觉悟大道，不能遵循大道，甚至是逆着大道的人，是不善之人。这里的善和不善，是思维认知的层次不同导致的，是人悟性的高低决定的，是人的思想所处的境界决定的，所以，不能用是非好坏的对立思想去看待。

　　人心灵的成长都是从低到高这样的过程，这是客观事实。马拉松比赛，大家的起点都相同，大家也都是朝着相同的终点去的，只是在这个过程中，每一个时刻，大家所处的前后位置都是不一样的，跑在前面的人当然是优秀的，但不能说跑在后面的就是坏人，有的跑着跑着跑不动了，坚持不住而放弃了，也不能说他差劲，因为他已经尽力了。

在马拉松比赛中，如果你看到的是每个人都在努力奔跑前进，大家都是一样的，没有差别。

在遵循大道的问题上，大家都一样是从低到高的过程，从无知到有知，从有为到无为，从有私心私欲到无私无欲。每个人都在走这段特定的路，只是当下每个人所处的位置不同而已。

悟性好的人更早地遵循大道了，所以称之为善人，善人就是善于遵循大道的人，善人把大道之德视作珍宝，贵重无比，其言行和宇宙大道合一，是优秀的人。不善于遵循大道的人，大道之德会保护他，继续孜孜不倦地感化他。大道之德的可贵在于，不管你是谁，不管你处于什么样的认知行为水平，它都一样对待，不抛弃不放弃任何一个人。

水可以帮你解渴，你认为的坏人，喝了水，水也一样可以给他解渴，在水面前，众生平等，它给每一个生命的都一样，这是大道之德的一部分。水，滋养生命，无差别地对待生命，消耗自己，滋养万物。

外在语言的美好，外在行为带来的美好，华丽的衣服带来的高贵，豪华车队带来的高贵，那都是表面的东西，当然也是好的，只是和宇宙大道自然流露出来的德相比，那可就逊色多了，大道之德最尊贵，没有什么可以与之相比。

宇宙大道自然流露出来的德之贵，无与伦比，世间一切外在的所谓美好，所谓高贵，在大道之德面前都不值得一提。宇宙天地间，最尊贵的就是大道之德。

就当下而言，世界上几十亿人，最受人们膜拜的、尊敬的，是德泽世间的圣人。那些所谓的有钱人、有权人，哪个有这样的排面？任何一个有钱人、有权人，在德之贵面前都黯然失色。以前是这样，现在是这样，以后还是这样，这是颠扑不破的真理，现实也确实如此。

德之贵，人们是发自内心地尊崇；德之贵，早已深入世人之心；德之贵，无与伦比。

《道德经》几千字而已，就《道德经》的作者老子而言，给予世人宇宙真理，给予世人治国理念，给予世人最好的行为处事的指引，被人们广泛认同、赞誉，这也是德，早已深入人心。

后来人拿《道德经》创立道教，尊老子为太上老君，现在每天很多人跪拜敬礼，人们发自内心地尊重他。对比而言，中国历史上有记载的几百个皇帝，哪个有他受人民尊敬？有些皇帝，人们都已经不记得他们的名字了。在老子面前，那些所谓的有钱人，就更不值一提了。

老子悟透了宇宙大道，遵循宇宙大道，其德恩泽华夏，其行无为无私。老子，圣人也，贵人也。

第六十三章

为无为，事无事，味无味。大小多少，报怨以德。图难于其易，为大于其细。天下难事，必作于易；天下大事，必作于细。是以圣人终不为大，故能成其大。夫轻诺必寡信，多易必多难。是以圣人犹难之，故终无难矣。

解读：大事都是由小事构成的，难事都是由容易的事复合而成的。做事，认真对待每一件事，认真做好每一个细节，所有的问题都可以解决。

做人，以德报怨，这是得道的圣人的境界。确实一般人办不到以德报怨，普通人的逻辑是以德报德，以怨报怨，所以，不能强求，做不到也很正常，不断地向圣人学习吧。

"夫轻诺必寡信，多易必多难。"

现实中，认知低的人，总觉得这很简单，那很简单，事情在他们看来容易得很，然而，他们却很少办成事。没有把事情充分认识清楚，要办好一件事是不可能的。

动不动就承诺的人，可能只是嘴上说说，内心根本就没有做的打算，当然会失信办不到了。有句歌词："也许承诺，不过因为没把握。"既然没把握，那办不到就很正常了。

第六十四章

　　其安易持，其未兆易谋；其脆易泮，其微易散。为之于未有，治之于未乱。合抱之木，生于毫末；九层之台，起于累土；千里之行，始于足下。为者败之，执者失之。是以圣人无为故无败，无执故无失。民之从事，常于几成而败之。慎终如始，则无败事。是以圣人欲不欲，不贵难得之货；学不学，复众人之所过。以辅万物之自然而不敢为。

　　解读："其安易持，其未兆易谋；其脆易泮，其微易散。为之于未有，治之于未乱。"

　　《道德经》的这几句和《黄帝内经》的治未病是相同的思想，都是从早期初期入手，使可能出现的问题不发生。

　　"上医治未病"最早源自《黄帝内经》所说："上工治未病，不治已病，此之谓也。"

　　比如，一棵果树是开花后七天结果，当你不想要它结果的时候，看见它开花就把花剪掉，这样效果最好。实际生活中，这个道理每个人都在用，对你不利的事情，你想办法让它不发生，是不是？

　　"民之从事，常于几成而败之。慎终如始，则无败事。"

事情半途而废，原因多半在于粗心大意，细节出了问题。一件事，人应该始终如一地认真对待，做好每一个细节。

"学不学，复众人之所过。"

这就是《道德经》第二十七章的那句："不善人者，善人之资。"

实际上，《道德经》有很多内容和句子前后重复，有些相同的词语，反复出现过很多次，所以，前面讲过的，就不再重复讲了，简单一些更好，大道至简。

"合抱之木，生于毫末；九层之台，起于累土；千里之行，始于足下。"

马克思的量变引起质变，与这里的"合抱之木，生于毫末；九层之台，起于累土"类似；马克思的对立统一，与《道德经》第二章的相反相成思想类似，其他章节也多次讲过；马克思的否定之否定，与《道德经》第四十章的反者道之动思想类似。

老子两千多年前的观察总结深刻全面，老子是通过观天地自然规律得出的朴素总结，深刻实际，老子的哲学深入浅出，通俗易懂。

由此可以看出，仅仅在唯物主义哲学方面，中国领先西方两千多年，而且《道德经》不仅仅是唯物主义哲学，还是自然哲学、自然真理，这远远不是所谓的唯物主义和唯心主义可以相比的。

华夏天道文化，宇宙自然真理，是一切思想哲学的天花板，是人类社会最宝贵的精神财富，是人类社会问题解决方案的最好指引，一直在积极推动人类社会的和平事业，必将继续为人类的和平事业发挥重要作用。

第六十五章

古之善为道者，非以明民，将以愚之。民之难治，以其智多。故以智治国，国之贼；不以智治国，国之福。知此两者，亦稽式。常知稽式，是谓玄德。玄德深矣，远矣，与物反矣，然后乃至大顺。

解读：坚决不认同有些人说老子的思想是愚民的，坚决不认同有些人说老子主张愚弄老百姓。

老子主张的是无为而治，统治者无为，人民自然淳朴，安居乐业，美服善食，社会和谐稳定，人民友善相处。

这里的"愚"字，不是愚弄，而是自然、淳朴、纯真、善良的意思。另一方面，老百姓难以治理，是因为统治者的有为而治，统治者的压迫欺诈而治，导致老百姓不好治理。问题的根源在于统治者多智巧，而不是老百姓多智巧。

所以，无为而治，不以智巧而治，是老百姓的福，国家也会和谐稳定。有为而治，以智巧而治，压迫、欺诈人民，那是人民的不幸，有压迫就有反抗，这样国家也不会稳定的。

抓住核心的无为而治，无为而治的关键在于统治者，在于统治者是否达到了无我顺天的境界，是否真心实意地为人民办事，是否清楚人民才是社会的主体，是否清楚人民才是社会的根本，是否清楚人民才是国家的主人，是否清楚所有的财产财富都是人民创造出来的，是否清楚权力不是欺诈、压迫、剥削人民的工具，而是为人民服务的工具。

第六十六章

江海所以能为百谷王者，以其善下之，故能为百谷王。是以欲上民，必以言下之；欲先民，必以身后之。是以圣人处上而民不重，处前而民不害。是以天下乐推而不厌。以其不争，故天下莫能与之争。

解读：三个词——处下、处后、不争。

处下的智慧，源于对自然界大江大海的感悟，自然规律是水往低处流，低洼处形成了汪洋大海，这是人感悟大自然总结的智慧。

处后的智慧，和处下的智慧差不多，不过有一点很关键，就是你处后，别人也会给你推到前面，这关键在于你真心实意地为别人做了有利的事。

不争的智慧，人生重要的是自己心境的提升，处处和别人争高低毫无意义，做最好的自己，每天提高自己，不断地向宇宙靠拢才是正道。

没有想去和别人争，更没有去和别人争，你就是你，那别人就无法和你争。比如，你不上拳击擂台比武，那就没有人可以在拳击擂台上和你争高低。

一件事，你做的就是你做的，你做了多少就是你做了多少，明白人都看得清楚，何必争来争去，事实就是事实。

天地从来没有对我们人类说过一句话，从来没有和谁争过功德，然而，人们非常敬畏天地，越是认知高的人对天地越是敬畏、感恩，人深深地懂得是宇宙能量在滋养着生命，感恩天之德。

古代有一些所谓首领、皇帝，他们给部落、给社会做了点儿事，自称自己功德盖过天地。天并没有和他们争，天依然那样从容地运行着，那些自称自己功德超过天地的人，人们心里敬他们吗？人们拜过他们吗？是敬拜天地的人多，还是敬拜他们的人多？现实早就给出了答案，人们发自内心敬仰的是天地。

第六十七章

天下皆谓我道大，似不肖。夫唯大，故能不肖。若肖，久矣其细也夫！我有三宝，持而保之：一曰慈，二曰俭，三曰不敢为天下先。慈，故能勇；俭，故能广；不敢为天下先，故能成器长。今舍慈且勇，舍俭且广，舍后且先，死矣！夫慈，以战则胜，以守则固。天将救之，以慈卫之。

解读："天下皆谓我道大，似不肖。夫唯大，故能不肖。若肖，久矣其细也夫！"

世界观，方法论，思想体系，哲学体系，这些属于抽象的理论构建，它包含所有事物，而又不仅仅是指向某个具体单一的事物。所以，给人的感觉往往是像没说一样，显得很空洞。

本人所作宇宙人生，也是面临这个问题，讲的都是大道理，包含所有事物，但是并没有说到具体事物的细节，给人的感觉有点儿不充分，模糊不具体，这很正常。

从大的方面、宏观的角度，看事物才全面；从小的方面、具体的细节看事物，只是片面的，看不到事物的全貌。

慈，就是善良，就是大善。一个善良之人，只会做对别人有利的事情，不会做对别人有害的事情，你对别人善，别人对

133

你善，你去哪里都是善缘，所以，想去哪里去哪里，尽管大胆地去，对你来说哪里都是善地，都是无害的。

如果带兵打仗之人，内心是慈善的，那他就站在了正义的一面，正义对付邪恶，正义必胜。如果一个身高、体型、力气和你相当的人，到你家里找你麻烦，提出一些无理要求，这个时候如果斗起来，你就站在了正义的一面，你将使出看家本领，爆发出惊人的能量；而来挑衅的人是非正义的，多少有点儿心虚。所以，斗起来你是必胜的，这时你有天时地利人和的优势。

所有的圣人，都是心正、心善、心慈的人，这是他们的共同点，佛学佛教的核心在慈、在善，老子早在两千多年前就说得很清楚了。就佛所做的讲法度人的事，用老子的话说，那就叫无为之事，无私心、无私欲、为他人，这不就是真实的写照吗？老子悟透了天道，通透了宇宙真理。

宇宙大道之德，就是最大的慈，最大的爱，最大的善，最大的美，也是最真实的存在，大道之德给予了人们的所有。

俭，不仅是物质上的节俭，更是精神层面的不过于追求外在表面的华而不实，也是减少自我的精神内耗，这三个方面，好处太多太多了。不俭，那害处就太多了，也可以说，许多问题都是由于这三方面的不俭造成的。

不敢为天下先。首先，就是不要处处争先，处处争先肯定会带来许多麻烦；其次，就是不争的意思，事情你做没做，做了多少，大家都清楚，不需要争什么，你做的就是你做的。

不敢为天下先，是让人不要处处争先，而不是让人处处都不争先，人，该表现的时候就要积极表现，在团队集体中就是要争先进，在国家民族有危难的时候就是要首先站出来。

第六十八章

善为士者不武，善战者不怒，善胜敌者不与，善用人者为之下。是谓不争之德，是谓用人之力，是谓配天古之极。

解读：善于做将帅的人，不会依赖武力，而是主要依靠谋略，用谋略达到不战而屈人之兵的效果，才是最好的将帅。武力正面厮杀是愚蠢的、野蛮的，难以避免会带来大量的人员伤亡，大量的人员伤亡是不合道的，因为上天有好生之德。

善于打仗的人不会轻易发怒，不会被敌人激怒，会保持着良好的心态，沉着冷静，仔细分析形势，从容应战。

善于打胜仗的人，不会轻易与敌人正面硬刚，而是审时度势，冷静分析，出其不意，出奇制胜，以最小的牺牲获取最大的胜利。

善于打胜仗的人，不给敌人战胜自己的机会，让敌人摸不透自己，在首先保证自己不败的前提下，寻找好的时机去击败敌人。

善于用人的人懂得保持谦下礼让，尤其对于人才，要充分尊重，要谦和卑下，只有这样才能争取到精英人才的支持。广聚人才，凝聚人心，才有可能办成大事，自古就有得人心者得天下的说法。

自己一个人的力量是有限的，外在的力量、大趋势的力量是无限大的，善于借力打力，善于利用大趋势的力量，善于利用事物之间的矛盾，才是真正的智慧，也是宇宙大自然顶级的智慧。

诸葛亮北伐中原时，司马懿并没有迎战。而蜀军长途跋涉，粮草供应困难，这场仗必须速战速决。于是，蜀军每天都前去羞辱司马懿，想激怒司马懿，让他出来决战，但是司马懿并没上当。为了逼司马懿主动迎战，诸葛亮送了他一套女人的衣服，并附上了一封书信，大意是：你身为一个大将军，就应该带着将士出来跟我战斗，如果你一直躲在大营里，不敢出来，跟女人有什么区别？

所有的将士们都气愤到了极点，受不了这种羞辱，决定要出去与蜀军拼死一搏。司马懿本来也很生气，但转念一想就无所谓了，觉得自己要生气的话，那就上当了。

司马懿在关键的时候，控制住了自己的情绪，没有被激怒，挽救了局面，也是凭借这个驾驭情绪的能力，笑到了最后。

第六十九章

用兵有言："吾不敢为主而为客，不敢进寸而退尺。"是谓行无行，攘无臂，扔无敌，执无兵。祸莫大于轻敌，轻敌几丧吾宝。故抗兵相加，哀者胜矣。

解读：老子的军事思想主张防守反击，因地制宜，灵活多变，不僵化地布局。

这里的重点是无，就是自己处于无的状态，不教条式地排兵布阵，不僵化地按照所谓兵法套路。摸清敌方的军情，根据敌方的具体情况，再作出具体部署。把敌人的情况摸透了，根据敌人的具体情况，根据现实的需要，灵活地作出战略战术部署，这样就完全掌握了主动权，胜算就大很多，这是非常高明的军事思想。

不能骄傲轻敌，轻敌就会盲目地主动进攻，在还没有完全掌握敌人军情的情况下，就急于出击，这样不确定性很大，隐患也很多，多半会失败。

哀者，就是不轻举妄动，谨慎一些，把敌情查探得充分一些，把形势估计得严峻一些的一方。势均力敌的时候，胜利属于这样的一方，失败属于骄傲、轻敌、冒进的一方。

1941年德国侵略苏联，一开始德国兵根本没把"红色的俄国佬"放在眼里，他们以为还能像前两年在波兰和西欧那样无往而不胜。希特勒更是口出狂言，宣称最多三个月就把苏联政权打到西伯利亚永远喝西北风去。

结果，打了不到两个月就觉得不太对劲了，打了不到半年深陷其中拔不出来了，打了一年全面进攻放弃了，打了两年主动权易手了，打了不到四年德国战败投降了。

第七十章

吾言甚易知，甚易行；天下莫能知，莫能行。言有宗，事有君。夫唯无知，是以不我知。知我者希，则我者贵。是以圣人被褐怀玉。

解读：本章如果从字面去理解，从文字去翻译，很难弄清楚其中的真义，必须从最核心的层面去认识。

老子说的话意思很容易理解，理论上每个人都很容易做到，而现实是，极少有人切实做到，理想和现实，理论和实际，相差非常大。

"言有宗，事有君。"这里的关键在于，人生的核心意义是什么，人生最重要的事是什么，那就是悟道、得道、行道。人生最重要的是心灵的提升，而不是对功名利禄的追求，人生的核心是内在精神向宇宙大道精神学习，不断领悟宇宙大道精神，逐步践行宇宙大道精神，直到完全顺应宇宙大道精神，而不是对外在物质和虚荣的贪恋，也不是对外在虚名的迷恋。

圣人只注重内在的，根本不注重外在的，所以，往往外表穿得很普通。但是，圣人心境高，精神上富有，内心充实，合乎大道，无为无我，顺天，无私奉献，他们有最宝贵的精神财富，他们比珠宝玉器还珍贵，他们才是最高贵的人。

然而，这样的圣人极少极少，因为大众基本都沉浸在对物质名利的追求，都贪恋外在的荣华富贵，要面子，好虚荣，占有欲强，这些人性的弱点改变起来很难，所以，彻底改变的人很少很少。

本人没有批判人性、人心的意思，只是客观理性地阐述，只为把真实的东西展现出来，只想让大家知其然，更知其所以然，以便人们明确人生的核心意义，认清楚生命过程的真正主题。明白了上面这些，人生，还有什么困惑呢？

有一百套房子，不如心灵有个归宿，心灵若没有归宿，身体住在哪里都是流浪儿。

家里好东西堆成山，不如内心的充实，再多的物质也无法真正充实一个人的内心，一个内心充实的人，根本不需要物质去衬托，内心真正充实起来，物质便是累赘。

得名，得利，得面子，得金钱，得权力，得虚荣，都不如得道。得道之人，才是最成功的人；得道之人，才是世间大富大贵之人；得道之事，才是世间最美好的事。得道之人自然流露出来的德，是世间最珍贵、最高贵的。

第七十一章

知不知，上；不知知，病。夫唯病病，是以不病。圣人不病，以其病病，是以不病。

解读：对事物的认知，可以分两部分，那就是，知道的和不知道的。

宇宙中的事物，有自己知道的，也有自己不知道的。知道自己有一部分是不知道的，这还算好，还算正常；明明自己不知道，以为自己知道，或者装作自己知道，这都是病态。

圣人，知道就是知道，不知道就是不知道，非常清楚自己哪里是知道的，哪里是不知道的。圣人是正常态，不是病态，因为他们不知道就是不知道，正是因为他们不知道就是不知道，不会明明不知道，硬说自己知道，或者不知道非要装作自己知道，所以，他们没有毛病，是正常态。

就老子来说，在《道德经》中有一句："吾不知其名，字之曰道，强为之名曰大。"还有一句："天之所恶，孰知其故？"老子很坦然，不知道就是不知道，任何人，都有他不知道的东西，老子也不例外。

现实中，人喜欢攀比，人有虚荣心，为了面子，为了表现自己有文化，为了证明自己很厉害，很多时候，人都在比谁知道得多，比谁的认知深。很多人都主观地以为自己什么都知道，你一说这他知道，一说那他也知道，生怕自己不如别人，病态尽显，洋相百出。

就认知而言，知的极限是行，知是行之始，行是知之果，最好状态的知和行是完全可以画等号的，就是知行合一，不需要言语，行动是真知最好的表示。

第七十二章

民不畏威，则大威至。无狎其所居，无厌其所生。夫唯不厌，是以不厌。是以圣人自知不自见，自爱不自贵，故去彼取此。

解读：老子主张的无为而治，是顺应天道、利国利民的治理方式，本章所说的这种情况，是压迫而治，剥削而治，是百姓受苦受难的，是逆天不人道的土匪之治。

水能载舟，亦能覆舟。哪里有压迫，哪里就有反抗，弄得民不聊生，人们居无定所，人们没有活路了，他们必将奋起反抗。

人民吃不饱穿不暖的时候，但凡是个人，但凡有一点儿良知都会有同情之心，更不会自己独享玉盘珍馐，奢靡无度。

黄巾起义，是东汉晚期的农民战争。当时朝廷腐败，宦官外戚争斗不止，边疆战事不断，国势日趋疲弱，又因全国大旱，颗粒不收而赋税不减。走投无路的贫苦农民在巨鹿人张角的号令下，纷纷揭竿而起，他们头扎黄巾，高喊"苍天已死，黄天当立，岁在甲子，天下大吉"的口号，向官僚地主发动了猛烈攻击，并对东汉朝廷的统治产生了巨大的冲击。为平息叛乱，各地拥兵自重，虽最终起义以失败而告终，但军阀割据、东汉名存实亡的局面已不可挽回，最终导致三国鼎立局面的形成。

第七十三章

勇于敢则杀，勇于不敢则活。此两者，或利或害。天之所恶，孰知其故？天之道，不争而善胜，不言而善应，不召而自来，繟然而善谋。天网恢恢，疏而不失。

解读：勇敢的、刚强的事物，容易受损，容易折断，容易过早地消亡；柔弱的、柔和的、不敢逞强的事物，反而能很好地保全自己，能够生存得更长久。上天喜欢柔和的，不喜欢刚强的，没有人知道其中的原因，圣人也不知道。

天道，最大的特点就是为而不争，化生万物，滋养万物，始终处于无的状态，流露出的是可贵的德，德之所到，万物敬仰，发自内心地归顺。不需要言语，不需要争取，不需要召唤，不需要谋划，该有的自然都有，世间万物都在天道系统的涵盖范围之内，没有一样事物是例外的。

宇宙能量化育一切，能量是所有事物基础的基础，根本的根本，所有的事物都在这个最基本的因素上建立，能量本身就是包含万物的，自然没有任何事物在它之外了。

第七十四章

民不畏死，奈何以死惧之？若使民常畏死，而为奇者，吾得执而杀之，孰敢？常有司杀者杀。夫代司杀者杀，是谓代大匠斫。夫代大匠斫者，希有不伤其手矣！

解读：采取暴政，压迫、剥削人民，弄得民不聊生，人民受苦受难，逼得人民生无可恋的时候，人民哪里还会害怕死亡？这个时候统治者再拿死亡来威胁百姓，就没有用了，人民不怕，人民终将在压迫中爆发出无所畏惧的反抗斗争。

无为而治，人民吃得丰盛，穿得漂亮，生活美满，幸福感爆棚。这个时候人民对生活是充满热爱的，是怕死的，是希望幸福生活长长久久下去的，哪个会想死？都想好好活着，都期待着更美好的未来，社会呈现出来的是和谐幸福的景象。这个时候，如果有极端的作恶分子，破坏社会的和谐稳定，损害人民的生命健康，那就杀一儆百，看谁还敢胡作非为。这个时候的杀，是为保护人民的根本利益，是维护人民的生命健康，是保持社会的和谐稳定，是正义的。

敬畏天道，敬畏生命，死刑的决断，死刑的执行，应该在顺应天道、顺应民意的基础上，以维护社会公平正义为目的，由专门的思想觉悟层次极高的正义人员，来行使这种庄严而神圣的特殊权力，绝不能由其他任何人员来代替。

专门人员以外的人，或者专门人员违背了天道，违背了正义，行使这种特殊权力，都属于越俎代庖，都将给自己带来应有的恶果，即使没有在人道受到报复，也无法逃脱天道的制裁。没有人能够逃脱天道的因果定律，没有人可以逃脱未来的天道正义审判。

敬畏天道，敬畏生命，上天有好生之德，不是迫不得已，不可动杀机。

第七十五章

民之饥，以其上食税之多，是以饥。民之难治，以其上之有为，是以难治。民之轻死，以其求生之厚，是以轻死。夫唯无以生为者，是贤于贵生。

解读：无为而治，统治者一心为人民，让人民吃好穿好，安居乐业，不为自己的功名，不欺诈剥削人民。这种状态，既能使人民幸福，又彰显统治者英明伟大，两全其美，其乐融融。

有为而治，统治者为了贪求自己的功名，不为人民着想，无视人民的利益，把自己的利益放在第一位，人民会很痛苦。

各种暴政，统治者压迫、剥削、欺诈人民，吞食各种赋税，疯狂"割韭菜"，人民悲观绝望，苦不堪言，就会反抗斗争，那就很难治理了。不但很难治理，而且可能被掀翻，人民死都不怕了，统治者的末日也就不远了。

无为而治，统治者为人民，人民幸福，人民拥护统治者，赞扬统治者，相互成全，社会和谐稳定。暴政和有为自私之治，统治者收割人民、压迫人民、欺诈人民，人民无视统治者，辱骂统治者，甚至反抗斗争颠覆统治者，互相伤害，导致社会动荡不安。

圣明的统治者，会采取无为而治，真心实意为人民办事，全心全意提高人民的生活水平，让人们充满幸福感，让人民热爱生活。圣明的统治者，不收割人民，不贪求人民的物质，不占有人民的财富，无私心，无私欲。

无为而治，是圣人之治，远远贤明于各种有为而治和各种暴政，根本就不是一个档次的。

一个在天上，一个在地下；

一个是正义，一个是邪恶；

一个为人民，一个坑人民；

一个受人敬，一个被人骂；

一个顺天道，一个逆人道。

附：

诗经·伐檀

坎坎伐檀兮，置之河之干兮，河水清且涟猗。

不稼不穑（sè），胡取禾三百廛（chán）兮？

不狩不猎，胡瞻（zhān）尔庭有悬貆（huán）兮？

彼君子兮，不素餐兮！

坎坎伐辐兮，置之河之侧兮，河水清且直猗。

不稼不穑，胡取禾三百亿兮？

不狩不猎，胡瞻尔庭有悬特兮？

彼君子兮，不素食兮！

坎坎伐轮兮，置之河之漘（chún）兮，河水清且沦猗。

不稼不穑，胡取禾三百囷（qūn）兮？

不狩不猎，胡瞻尔庭有悬鹑兮？

彼君子兮，不素飧（sūn）兮！

白话翻译：砍伐檀树声坎坎啊，棵棵放倒堆河边啊，河水清清微波转哟。不播种来不收割，为何三百捆禾往家搬啊？不冬狩来不夜猎，为何见你庭院猪獾悬啊？那些老爷君子啊，不会白吃闲饭啊！

砍下檀树做车辐啊，放在河边堆一处啊。河水清清直流注哟。不播种来不收割，为何三百捆禾要独取啊？不冬狩来不夜猎，为何见你庭院兽悬柱啊？那些老爷君子啊，不会白吃饱腹啊！

砍下檀树做车轮啊，棵棵放倒河边屯啊。河水清清起波纹啊。不播种来不收割，为何三百捆禾要独吞啊？不冬狩来不夜猎，为何见你庭院挂鹌鹑啊？那些老爷君子啊，可不白吃腥荤啊！

诗经·硕鼠

　　硕鼠硕鼠，无食我黍！三岁贯女，莫我肯顾。逝将去女，适彼乐土。乐土乐土，爰得我所。

　　硕鼠硕鼠，无食我麦！三岁贯女，莫我肯德。逝将去女，适彼乐国。乐国乐国，爰得我直。

　　硕鼠硕鼠，无食我苗！三岁贯女，莫我肯劳。逝将去女，适彼乐郊。乐郊乐郊，谁之永号？

　　白话翻译：大田鼠呀大田鼠，不许吃我种的黍！多年辛勤伺候你，你却对我不照顾。发誓定要摆脱你，去那乐土有幸福。那乐土啊那乐土，才是我的好去处！

　　大田鼠呀大田鼠，不许吃我种的麦！多年辛勤伺候你，你却对我不优待。发誓定要摆脱你，去那乐国有仁爱。那乐国啊那乐国，才是我的好所在！

　　大田鼠呀大田鼠，不许吃我种的苗！多年辛勤伺候你，你却对我不慰劳！发誓定要摆脱你，去那乐郊有欢笑。那乐郊啊那乐郊，谁还悲叹长呼号！

　　人民虽然朴实，但人民不是傻子，人民的眼睛是明亮的，要想人不知，除非己莫为。

第七十六章

人之生也柔弱，其死也坚强。万物草木之生也柔脆，其死也枯槁。故坚强者死之徒，柔弱者生之徒。是以兵强则灭，木强则折。强大处下，柔弱处上。

解读：宇宙是柔弱的，平和的，清净的。向宇宙靠拢，内心轻柔的人，随和的人，顺应自然的人，往往可以很好地保全自己，生存得更长久。

而过于刚强的人，容易受损，容易受挫，容易更早消亡，因为这不合道，不符合宇宙大自然的规律。

道理很简单，只是人还是好强的多，人性就是这样，越好强的人，人生苦越多。要达到老子那种自然柔和的境界，是一个艰难漫长的过程，需要太多的风雨洗礼，需要太多的人生历练，绝非一朝一夕就能实现，加油努力，不断前进，成功一定会越来越近的。

第七十七章

天之道，其犹张弓与？高者抑之，下者举之；有余者损之，不足者补之。天之道，损有余而补不足；人之道则不然，损不足以奉有余。孰能有余以奉天下？唯有道者。是以圣人为而不恃，功成而不处，其不欲见贤。

解读："天之道，损有余而补不足；人之道则不然，损不足以奉有余。"

这章的核心就是这两点，字面意思很容易理解，所以，重点是探索其中的原因，原因虽是重点，但不是难点，原因很简单。

原因就是，天心，不自私，不占有，不贪婪；人心，自私，占有欲强，贪婪无止境。

天道，大公无私，在运动中找平衡，减少充分的，补充不足的。人道，自私自利，爱占有，爱贪婪，想把别人的变成自己的，喜欢物质的聚集，为了自己的利益去损害别人的利益。

回到重点，人生的意义是什么，人生的核心课题是什么。那就是，从自私自利，有贪婪心，有占有欲，到大公无私，不贪婪，不占有，无我利他，无为的天道境界。

　　这就是战胜人性弱点的过程，这就是超越自我的过程，这就是超凡脱俗的过程，这就是成道成佛的过程，这就是精神上从苦海到极乐世界的过程，这就是从自私自利到大爱无疆境界的过程，这就是天人合一的过程，这就是回归宇宙大道的过程。

　　这是一个了断情缘的过程，这是一个不断放下的过程，这是一个割舍的过程，这是一个自我革命的过程，这是一个重生的过程，这是一个独自前行的过程。

　　真心话，难！实在话，苦！只是，这是宇宙规则，这是天道的安排，这是客观真理，这是人生命的本质真相，每个人都同样地在面对，没有一个例外的，没有一个特殊的，更没有任何捷径，都要一步一步走。

　　要说怎么做最好，那最好的做法就是，持积极的人生态度，大胆追求，多多实践，深入思考，不断反省，寻根究底，果断抉择，坚定信念，奋力向前，不达目的誓不罢休。

第七十八章

天下莫柔弱于水，而攻坚强者莫之能胜，其无以易之。弱之胜强，柔之胜刚，天下莫不知，莫能行。是以圣人云："受国之垢，是谓社稷主；受国不祥，是为天下王。"正言若反。

解读：水是液体的状态，非常柔和，然而，它却无孔不入，任何坚硬的东西只要有空隙，它就能渗透进去。看看溪流里的石头吧，棱角都被水冲刷掉了，都是椭圆的形状。坚硬的石头形状都能被水改变，可谓柔克刚，弱胜强，而水之柔，却是没有东西可以改变的。

柔胜刚，弱胜强。还有另一层意思，那就是弱的东西、柔的东西，能够很好地保全自己，能够长久地存在。而刚的东西、强的东西，容易受损，容易受挫，容易折断，容易过早地消亡，不能长久。

"是以圣人云：'受国之垢，是谓社稷主；受国不祥，是为天下王。'正言若反。"

表面上看，受人爱戴的君王很牛，高高在上，雍容华贵，非常有排面。实际正好相反，他们之所以受人爱戴，不是因为他们雍容华贵，高不可攀，而是他们曾经为国家为人民忍辱负

155

重，背负骂名，承载了艰难，承受了痛苦，在国家危难的时候不顾生死挺身而出，他们才受人爱戴，才成为人们心中的君王。

大众都觉得圣人厉害，实际上圣人一点儿都不厉害，也是正好相反。圣人不和别人比吃穿，不要名利，不为自己，柔弱随和，甚至给人民当牛做马，厉害什么？哪里厉害？厉害的是我们，我们比谁挣钱多，比谁穿得好，比谁关系多、人脉广，比谁强大，拼命地要做人上人，让别人给我们做牛马，厉害得很。

圣人顺应天道，无我无私，柔和得像个婴儿。我们好强好大，我们喊着人定胜天，我命由我不由天，我们要当大官，我们要挣很多钱，我们内心膨胀，我们行为夸张。

谁在清醒谁在梦，

谁在苦海谁在岸，

谁在正道谁在反，

谁在凡俗谁在天。

真正的牛不是我行我素，而是柔弱无我；

真正的贪不是自私自利，而是无私奉献；

真正的富不是自我堆积，而是给予他人；

真正的贵不是金玉珠宝，而是无为之德；

真正的强不是为所欲为，而是顺应天道；

真正的广不是到处索取，而是普济众生；

真正的大不是自高自夸，而是心忧天下；

真正的善不是言语说教，而是身体力行。

第七十九章

和大怨，必有余怨，安可以为善？是以圣人执左契，而不责于人。有德司契，无德司彻。天道无亲，常与善人。

解读：和解深重的怨恨，必然还会残留难以消解的余怨，怎么能够完美妥善地处理呢？这是非常难的，世间法很少有完美的，只能尽可能地向宇宙天道学习。

圣人凭契约关系来办事，绝不无依据地责成于人。有德的统治者，制定规则收取税收，说明原因，明确用途，收取终究是为人民办事的，从群众中来，到群众中去。如果没有规则制度，或者有规则制度，但收取后没有为人民办事，只是单纯地征收，那就是无德的，那就是剥削人民。

宇宙平等待人，无亲无疏，善于给予人们，越是顺应天道的人收获就越多。

老子主张的无为而治，是最好的治理，是符合天道的。然而，天道大公无私，无欲无求，滋养万物，给予无所取，而人或多或少的有私心，有功利心，所以，无为而治很多时代都是可望而不可即的。

无为而治，需要圣人来主导，圣人就是战胜了自己人性弱点的人，就是超越自我顺从天道的人，是没有私心私欲的人，是无为无我的人。

很明显，无为而治需要两个重要条件：第一，要有圣人；第二，圣人要掌握社会的主导权。这两点都是很难的，第一难是天然因素，成圣难；第二难是人为因素，人心复杂。人能不能成为圣人，在于自身的悟性；圣人能不能主导社会事务，在于社会的机制，圣人的作为大小，取决于时代的大环境。

无为而治，就是圣人之治，需要天时、地利、人和。

第八十章

小国寡民，使有什伯之器而不用；使民重死而不远徙；虽有舟舆，无所乘之；虽有甲兵，无所陈之。使民复结绳而用之。甘其食，美其服，安其居，乐其俗。邻国相望，鸡犬之声相闻，民至老死，不相往来。

解读：老子理想的人们生活的状态就是，人们吃得好，穿得漂亮，住得安逸，其乐融融地过着世俗的生活，社会和谐稳定，人们内心纯真质朴，友善相处。

理想终归是理想，理想是好的，现实却是残酷的，你想和平安宁，别人可不一定那么想啊。

秦始皇为什么大力修长城？那是因为人民生活得其乐融融，不经意间，野蛮的游牧民族就打过来了，烧杀抢夺，人民的生命财产说没就没啊。

理想是美好的，现实是残酷的，现实是我们必须要面对的，一切都要从现实出发，都要建立在实际情况的基础上，才有可能达成美好愿望。如果从理想出发，那就是没有根基的空中楼阁，是荒诞的，残酷的现实会让理想主义者遍体鳞伤。

第八十一章

信言不美，美言不信。善者不辩，辩者不善。知者不博，博者不知。圣人不积，既以为人，己愈有；既以与人，己愈多。天之道，利而不害；圣人之道，为而不争。

解读：真话往往不太好听，好听的话往往不是真话。善于表达、善于处事的人不会与人争辩，经常和别人争辩的人，都是不善于表达的人；不善于处事的人，争辩也是对事物的认知比较低的表现。知道的人给人的感觉并不是博学多才，表现博学多才的人都是还不知道的人。有道的人不聚敛财物，不藏东西，越是懂得为他人付出，他得到的就越多；越是善于给予别人，他的东西就越多。天道就是，利于万物，不伤害他人；有道的圣人善于行无为的事，不争功、不争名、不争利。

"信言不美，美言不信。"

《史记·留侯世家》："忠言逆耳利于行，良药苦口利于病，愿沛公听樊哙言！"

明·佚名《西汉演义·刘沛公还军灞上》："忠言逆耳利于行，良药苦口利于病。"

"忠言逆耳"这个词是我们都非常熟悉的，也都知道什么意思，"忠言逆耳"这个词应该就是源自对《道德经》"信言不美"这个词的理解。那么，忠言逆耳利于行，是在理解的基础上，进一步的发展运用。

《项羽本纪》里面提到项羽拒绝别人意见的事主要是两个，一个是鸿门宴拒绝范增的建议不肯杀刘邦，一个是不听别人的劝，不愿定都关中。一个导致错过杀刘邦的好时机，一个导致了错过得关中人心的机会。不管是什么原因，听不进不同的意见，没有利用好正确的方式，没有做出最有利于自己的选择，就是认知不够。

从人性的角度思考，我们都不同程度地有那颗傲慢的心，总是认为自己已经把事情想得很充分，总是觉得自己这样做才是最好的方式，自己的认知既全面又客观，别人的认知都是片面的。

简单粗暴点儿说就是，承认别人优秀，难！承认自己不优秀，难！承认自己没别人优秀，难上加难！

《邹忌讽齐王纳谏》翻译摘抄：

邹忌身长五十四寸左右，而且形象外貌光艳美丽。早晨，（邹忌）穿戴好衣帽，照了一下镜子，对他妻子说："我和城北徐公比，谁更美呢？"他的妻子说："您非常美，徐公怎么能比得上您呢？"城北的徐公是齐国最美的男子。

邹忌不相信自己（比徐公美），而又问他的妾："我和徐公相比，谁更美呢？"妾说："徐公哪能比得上您呢？"第二天，有客人从外面来（拜访），（邹忌）与他相坐而谈，问他："我和徐公比，谁更美呢？"

客人说："徐公不如您美丽。"又一天，徐公来了，邹忌仔细地看着他，自己认为不如徐公美；看着镜子里的自己，更是觉得自己与徐公相差甚远。

傍晚，他躺在床上休息时想这件事，说："我的妻子赞美我漂亮，是偏爱我；我的妾赞美我美，是害怕我；客人赞美我美，是有事情要求于我。"

"美言不信"，当你有价值的时候，别人想利用你，就会对你甜言蜜语，净说些好听的话、赞美的话。这个时候他们并不是真心真意地赞美你，而是真心真意地想得到你身上的那些价值，客人赞美你，是有事情要求于你。

"善者不辩，辩者不善。"这里的善应理解为善于，或者擅长，理解为善良很不妥当。现实中，很多人喜欢争辩，不能说他们就是不善良了，就是内心邪恶了，争辩只是为了证明自己的观点比别人正确，或者是试图掩饰自己的问题。这里的关键是，这类喜欢争辩的人，都是认知比较低的人。抖音上看到过一个段子，里面有句话："人生要快乐，就不要和愚蠢的人争论。"这不正是说，善于处事的人根本不会和别人争论吗？浪费口舌，毫无意义。

"知者不博，博者不知。"知大道的人，知道宇宙真理的人，他们都是做减法做到了内心空空如也；博学多才的人就是做加法的人，这也知道，那也知道，越学习知道的东西就越多，显得就越有才华。

现实中，经常能碰到饱读诗书的人，似乎没有他们不知道的，没有他们不懂的，然而，真懂了吗？懂了多少呢？所谓半部《论语》治天下，读懂半部《论语》就能把天下治理得很好，没去治天下的时候，处理自己的周边事物，那更是游刃有余啊，一定能很好地处理各种问题，甚至在周围的人中发光发热，有几个做到的呢？所谓一花一世界，一叶一菩提，读懂读透一本书，就可能悟出很多真理啊，也许人生就通透了，通透了吗？

很多时候人都是浅尝辄止、一知半解就以为全知道了，表面什么都知道，可能什么都不知道。什么都知道的人，也就是知大道的人，彻悟宇宙真理的人，他们不持有了，没有持见了，能接受一切了，所以外在表现是空空如也。

这里我想把人生的学习领悟分两个阶段，第一阶段，就是做加法，甚至做乘法，越学习知道的就越多。第二阶段，做减法，甚至做除法，减到了还剩一，减到了空空如也。两个阶段，从第一到第二是客观规律，每个人都一样要经历这样的过程。

"圣人不积，既以为人，己愈有；既以与人，己愈多。"《道德经》的智慧早已渗透到生活各个角落，两个字，舍得，有些扇子上写着舍得，有人衣服上印着舍得二字，有一种白酒的牌子叫舍得。舍得，就是有舍才有得，先舍后有得，越是懂得付出，越是懂得给予，才会得。很多时候，心里越想得，往往越得不到，那是因为付出还不够充分，所有的得到都是建立在足够付出的基础上。能不能得到，不是取决于你想不想，也不是取决于你有多么想，而是取决于为了目标你的付出够不够，付出是前提，付出到了一定的阶段，该有的自然就有了。

宇宙人生

宇宙观：宇宙是由空间和能量构成，能量在空间内无处不在，并且时刻运动着。能量的运动产生了物质和意识，能量、物质、意识三者有机结合产生了万物生灵，人是其中之一。真理是宇宙空间的存在和能量的运动，以及能量运动在某个特定时间段或者某个特定空间内所形成的规律。宇宙内部运行如图1所示。

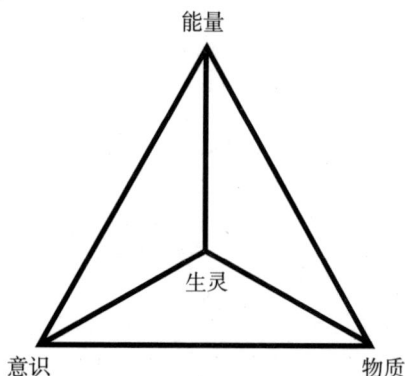

图1 宇宙内部运行图

人生观：万物生灵，人居其一，人来到这个世界上是带着人性的弱点来的，人的一生就是战胜人性弱点的过程，感悟人生，提高觉悟是人的本能。人应当以真理为最高信仰，乐观积极面对人生，为理想为梦想尽心尽力毫无保留地去奋斗，不断挑战自我，失败时、困惑时、痛苦时、迷茫时，深入思考，彻底反省，去寻找问题的根源，找到问题的根源了，解决问题的方法也就自然出现了，一切问题的答案都在你心里，找到了，自然就光明了。这样不断前进，直到彻底光明醒悟，然后慢慢放下、抛弃那些人性的弱点，彻底清除后，就是圆满成功地战胜了人性的弱点，将会拥有无限光明。然而，这个过程是艰难的痛苦的，但这是必须要走的路，也是唯一的路，一路上，没有谁可以帮你走一步，只能完全靠自己，挺可怜的。每个人都是有天赋的，要相信自己，精诚所至，金石为开，功到自然成。没有人性弱点了，又知道人和宇宙是一个整体了，就是彻悟真理实相了，生命结束后，意识形态向更高层升华，参与宇宙总循环，永恒与宇宙同在。

社会观：人类个体数量众多，构成了庞杂的社会，彻悟真理之前，人性的弱点会引发各种各样的问题。有识之士应积极组织构建维护社会秩序，罚恶扬善，尽最大可能创造和平稳定的生存环境。个人应当分是非，明因果，以真善美为荣，以假恶丑为耻，守规则，讲道德，顺天理。

宇宙观的延伸

这里物质指的是人肉眼可以看得见的物质，能量指的是一切形式的能量和人肉眼看不见而又客观存在的物质。并且，看得见的物质与看不见的能量和物质总和是一个恒定不变的常数。意识指的是一切精神、感知、思维、意识形态的总和，包含所有生灵的心、神、智、感、欲、念、想、情、识、梦……

物质的本质是能量，物质可以产生意识，也可以回到能量的状态。能量可以转化为物质，也可以产生意识。意识可以由物质产生，也可以由能量产生，并且意识必须以物质或能量为载体，无法孤立存在，意识可以产生物质和能量，产生的过程必须借用其他的物质或能量。也就是说，意识、物质、能量三者同类间、不同类间都可以相互作用、相互影响、相互转化，宇宙内部运行图是万事万物运动之根本实质真相，言说无穷尽。

当下科学，研究物质和能量方面的影响和转化，基本上可以数字量化，很多成果比较直观，看得见，摸得着。然而，在意识形态方面，很多时候没有那么直观，也无法量化，这就有了局限性，对于解释不了的或研究范围以外的直接去否定，当然是错误的。应当知其所知，知其所不知。

人生观的延伸

人性的弱点就是佛家所言的贪嗔痴慢疑之类，所以战胜人性弱点的过程就是修心修行的过程，也是追求真理的过程，真理是客观存在，它不属于任何组织团体或个人。这个过程没有简便方法，没有捷径，心门是唯一的门，心路是唯一的路，该经历的必须要经历，就像西游路上九九八十一难，一难都不能少。

再大的圣人也无法让人直接跳跃，最多是给人指个路，让人少走点儿弯路。人们往往过于沉迷找简便方法，过于执迷在理论上，停留在得道圣人言论上就是在捕风捉影、舍本逐末。那些圣人大彻大悟后的大慈大爱、传法讲道是他们的自然流露，是无为之为，而不是在模仿谁。也可以说，没有哪个圣人是靠看书、靠学习理论而成为圣人的，而是靠人生的实践、人生的阅历、人生的彻底思考和对宇宙规律的深刻认识，才大彻大悟的，最后完全战胜人性弱点。沉迷于对他们的追逐，就是在浪费时间，就是在搞偶像膜拜，遇到困难时去求佛求仙，去抱大腿，是消极的，问题最后还是要自己去解决。

也就是说，战胜人性弱点，积极的人生实践是最好的路，也是唯一的路。

社会观的延伸

华夏文化的本质就是一个字，道！它不是凭空想象，而是古之先民观天地运行规律的总结，是源于大自然的真理，是华夏一切思想的总源头。

十月革命以来，马克思主义传到中国，迅速地发展壮大，直到现在依然是党和国家发展、治理的理论指引和精神信仰，其根本原因在于思想上有真理的存在，是合道的，具体从以下几点谈谈鄙人的认识。

第一，全心全意为人民服务。全心全意为人民服务就是放下自我私心私欲真心实意地为人民办事。这就是道家的无为思想，这里必须解释清楚什么是无为，很多人以为无为是不作为，觉得无为是消极的。实际上，无为不是不作为，而是不带有私心私欲的、大公无私的作为，是合于天道之为。说到无为，就联系到了有为，什么是有为？有为和无为区别在哪里？举例来说，古代的某个七品官员，他如果在自己的位置上，看到人民有需要，看到人民有困难，真心实意地为人民办事，为人民解决实际问题，不带有任何其他的想法，这就是无为思想；如果他去为人民办事，去解决实际问题，做了很多事情，但他是想从七品升官到六品才这么干的，那这就是有为思想；如果他在自己的位置上不办事，只想着自己，对于出现的问题视而不见，不为人民解决实际问题，这就是不作为，这个不作为和上面所说的无为有天壤之别。有为和无为都是一种作为，其根本区别在于，是为自己的需要而为，还是为别人的需要而为，就看是不是带有私心，这只有行为人内心最清楚，很多时候从表面不好区分，但天是清楚的。实际一点儿说，真正的无为是极少有人能够做到的，能真正做到者必受人民敬仰。现实中能做到有为就很好了，因为去办事了，去解决实际问题了。

第二，帮弱者说话、办事。《道德经》有言"天之道，损有余而补不足"，此损不是损坏、有损的意思，而是自然界的客观规律。一粒种子在土壤中生根发芽，在幼苗时期生长迅速，当达到一定的阶段生长就会停止，逐渐衰落。也像人的身高，十岁之前身高增长很快，十几岁的阶段再次快速增长，但到了二十多岁身高就会停止增长，晚年时期身高会或多或少负增长。事物的成长都有它的特点和规律，顺应自然才是正道，而自然本身就是天道，也就是说，帮弱者说话，为弱者办事，是合乎天道的。

第三，理论和实践的关系。这和明朝的王阳明提出的知行合一意思差不多，自己的知识见解要运用到实际行动中去，并且在实际行动中总结经验，根据经验再更好地去实际行动，理论知识是为实际行动服务的。如果空谈理论，不去实践，光有想法，没有实际行动，那是荒诞的。同时，王阳明一生做到了立功立德立言，自身达到了高度的知行合一，成为几百年来华夏大地上的一大圣者。

第四，人们向往的理想社会。古今中外历史上人们曾经提出过很多种模型，从具体的理论方面看，各有各的不同，但是精神指引方向上是一致的，都是想让社会更美好，让人们的生活更美好。即便如此，鄙人却认为，理想的社会是万事万物各行其道，各守其本，形散而神聚。就像行星围着太阳转，各自按照各自的规律运行，井然有序，相互独立而又浑然一体。自由是相对的，没有绝对的自由，宇宙万物都是如此，有的只是各行各道的自由，没有行它道的自由。过于理想化的东西是不切实际的，是无法实现的，一切理想必须符合宇宙法则，真理高于一切。

总的来说，马克思主义能在华夏大地上生根发芽开花结果，其根本原因是，和博大精深的华夏文化有一些共鸣，《道德经》有言，"同于道者，道亦乐得之"，说的就是这个道理。在认识事物真理的问题上，神州大地之乾坤易道、龙马精神，就是最深刻的真理。它是源于对宇宙运动规律的总结，带有无穷无尽的正能量，具有无限的可能性，就看怎么用，用得怎么样。也就是说，时代发展到今天，更多的需要不是理论，而是实践，运用理论去实践的能力，辨别真理的能力，解决实际问题的能力，是知行合一的具体表现。

政治的政，左右结构，左侧是正，正即是正确公正，是不带有私心杂欲的天道在人心的体现。也可以说政治就是，正等正觉产生正知正见之后正确公正地处理社会问题。一个人心若为公，其行为必正，治理社会体现出来的处处都是公道，其德自然流露，人人尊重，上天认同。简单言之，政治的核心就是公道。地球围着太阳转就是公转，地球围着地轴转就是自转，两者相互独立而又完美合一。公就是公，私就是私。为公的时候就是为公，不带有任何私心；为私的时候就是为私，不要虚伪地说是为公。实事求是，心口一致，表里如一。